Jenna Lucado Bishop

Shake it
Leben mit Jesus – mit Geschmack und in Farbe

JENNA LUCADO BISHOP

Shake it!

Leben
mit Jesus –
mit Geschmack
und in Farbe

SCM Hänssler

SCM

Stiftung Christliche Medien

© der deutschen Ausgabe 2013
SCM Hänssler im SCM-Verlag GmbH & Co. KG · 71088 Holzgerlingen
Internet: www.scm-haenssler.de; E-Mail: info@scm-haenssler.de

Originally published in English under the title: From Blah to Awe
© der Originalausgabe 2012 Jenna Lucado Bishop
Published by Tommy Nelson in Nashville, Tennessee.
Tommy Nelson is a trademark of Thomas Nelson, Inc.
All Rights Reserved. This Licensed Work published under license.

Soweit nicht anders angegeben, sind die Bibelverse folgender
Ausgabe entnommen:
Neues Leben. Die Bibel, © der deutschen Ausgabe 2002 und 2006 SCM
R.Brockhaus im SCM-Verlag GmbH & Co. KG, Witten.
Weiter wurden verwendet:
(GNB): Gute Nachricht Bibel, revidierte Fassung, durchgesehene Ausgabe,
© 2000 Deutsche Bibelgesellschaft, Stuttgart.
(HFA): Hoffnung für alle®, Copyright © 1983, 1996, 2002 by Biblica Inc.™.
Verwendet mit freundlicher Genehmigung des Brunnen Verlags.
Alle weiteren Rechte weltweit vorbehalten.
(LUT): Lutherbibel, revidierter Text 1984, durchgesehene Ausgabe,
© 1999 Deutsche Bibelgesellschaft, Stuttgart.
(NGÜ): Bibeltext der Neuen Genfer Übersetzung – Neues Testament und
Psalmen. Copyright © 2011 Genfer Bibelgesellschaft. Wiedergegeben mit
freundlicher Genehmigung. Alle Rechte vorbehalten.

Übersetzung: Bettina Hahne-Waldscheck
Gesamtgestaltung: Kathrin Retter, Weil im Schönbuch
Druck und Bindung: Drukarnia Dimograf Sp. z o.o.
Gedruckt in Polen
ISBN 978-3-7751-5385-0
Bestell-Nr. 395.385

Für meinen Ehemann Brett

Du siehst die Welt mit kindlichem Erstaunen. Ganz gleich, wie oft du dieselbe Straße in Westtexas entlanggefahren bist: Deine Augen leuchten angesichts ihrer Schönheit, als ob du sie noch nie gesehen hättest. Ganz gleich, wie oft du schon die Enchiladas deiner Mutter gegessen hast: Du freust dich, als ob du sie zum ersten Mal probiertest. Und ganz gleich, wie oft du mich am Morgen verschlafen in die Küche stolpern siehst: Du ziehst mich in deine Arme, als ob du mich noch nie umarmt hättest.

Auf ähnliche Art siehst du Jesus. Ganz gleich, wie oft du seine Gnade erfahren, seine Treue gespürt und seine Wunder beobachtet hast: Deine Augen funkeln immer wieder angesichts seiner Schönheit, du freust dich immer wieder über seine Güte und deine Arme strecken sich nach ihm aus, als ob du ihn zum ersten Mal erblicktest. Dein kindlicher Glaube war die Inspiration für dieses Buch.

Inhalt

TEIL EINS

Warum wird mir mit Gott langweilig?

Kapitel 1

Langweilig und farblos?

Anne

Das Zimmer war dunkel.

Es gab zwei Laufstege.

An ihren Enden befanden sich zwei Stangen.

Anne wusste, wozu sie da waren, und ihr Magen zog sich zusammen.

Sie hatte gehört, dass solche Orte existierten, aber sie hatte noch nie einen aus der Nähe gesehen.

Der Raum wirkte unheimlich.

Was tat sie hier?

Sie hatte die Frau draußen vorm Nachtklub gesehen. Und anders als Tausende von Verkäufern, die Essen und Souvenirs für die Touristen auf den Straßen von Antigua, Guatemala, feilboten, verkaufte diese Frau etwas Wertvolleres – sich selbst. Wenn sie nur ihren wahren Wert kennen würde!

Aus diesem Grund hatte die 16-jährige Anne entschieden, die Straße zu überqueren und zum Eingang des Nachtklubs zu gehen. Dort stand sie nun und starrte hinein. Sie hatte nicht lange gezögert.

Diese Frau musste doch erfahren, dass sie mehr wert war als der Lohn, den die Männer ihr zahlten, um sie zu benutzen – ein Lohn, der wahrscheinlich nicht mehr als zwei bis vier Dollar pro Stunde betrug.

Mit einigen anderen von ihrem Missionsteam war Anne in den Nachtklub gegangen und hatte den Besitzer gefragt, ob sie eine Prostituierte »buchen« könnten – für eine Stunde, die, wie die Mädchen hofften, das Leben der Frau verändern würde. Anne hatte von sich selbst immer gedacht, sie sei ein »normales Mädchen«. Bisher fand sie ihre Lebensgeschichte »langweilig« – wie sie selbst sagt. Es war noch nie etwas Besonderes in ihrem Leben passiert. Sie hatte nie mit Drogen und Alkohol zu tun oder schwierige Beziehungen mit Jungs gehabt. Sie war in einem christlichen Elternhaus aufgewachsen und hatte eine christliche Schule besucht.

Wie um alles in der Welt war also dieses »normale«, »langweilige« Mädchen in einem Nachtklub voller Prostituierter in den Straßen Guatemalas gelandet? Aufgrund eines ziemlich *nicht* langweiligen, *un*normalen Glaubens.

Dieser Glaube hatte Anne dazu gebracht, an einem Missionseinsatz in Guatemala teilzunehmen. Während dieser Zeit landete sie in der eben beschriebenen Szene – in einem verrauchten Raum mit lusterfüllter Atmosphäre. Weil es keine sehr »geschäftige« Zeit war, hatte der Nachtklubbesitzer gesagt, dass sie umsonst mit einer der Prostituierten zusammen sein könnten. Daraufhin hatte er ihnen Karen vorgestellt.

Karen hatte keine Ahnung, warum diese Gruppe junger Frauen sie bat, etwas Zeit mit ihnen zu verbringen. Sie waren definitiv keine gewöhnlichen Kunden. Sie beobachtete die Mädchen vorsichtig, während sie mit ihnen über die Straße ging und sich mit ihnen auf eine Parkbank setzte.

Von ihrem Übersetzer erfuhren die jungen Frauen, dass Karen drei Kinder hatte und ihren Körper verkaufte, um Essen und Unterkunft für ihre Familie bezahlen zu können. Anne wurde ganz traurig, als Karen erzählte, wie abhängig sie von der Prostitution sei. Sie war überzeugt, dass es keinen Ausweg gab, und nahm seit Kurzem Drogen, um den Schmerz zu betäuben.

Da erzählte Anne ihr ihre »langweilige« Geschichte. Es war nämlich so: Einige Monate vor dieser Reise war ihre Tante an einer Überdosis Drogen gestorben. Unter Tränen sagte Anne zu Karen, sie wolle nicht, dass Karen wie ihre Tante sterbe und ihr Leben verschwende. »Gott liebt dich«, erklärte Anne ihr, »und durch Jesus kannst du ein neues Leben haben.« Dann schenkte Anne ihr ein Neues Testament.

Nachdem sie mit Karen über ihren Glauben gesprochen und ihr versichert hatte, dass Gott sie liebe und einen Plan für ihr Leben habe, holte Anne ihren Geldbeutel hervor. Obwohl Karens »Besitzer« sie umsonst zu ihnen gelassen hatte, gaben Anne und ihre Freundin Nicole Karen ihr gesamtes Bargeld, das sie in ihren Portemonnaies hatten, damit die Frau das Nötigste für ihre Kinder kaufen konnte. Vielleicht würde das Geld ihr ermöglichen, einen Tag weniger ihren Körper verkaufen zu müssen. Und vielleicht würde Karen nur einen Tag brauchen, um den Mut zu finden, ihrem Leben als Prostituierte den Rücken zu kehren.

Wir wissen nicht, was mit Karen geschah, nachdem die Gruppe der »merkwürdigen« amerikanischen Frauen Auf Wiedersehen gesagt hatte. Vielleicht hat der Tag ihr Leben verändert, vielleicht aber auch nicht. Aber wir wissen, dass dieser Tag Annes Leben verändert hat – für immer.

Anne kam mit einer neuen Begeisterung für Jesus nach Hause.

Obwohl sie schon lange Zeit Christ gewesen war, entdeckte Anne durch ihre Erfahrung in Guatemala eine neue Seite von Gottes Herzen. »Ich habe erlebt, wie groß Gott ist, wie mitfühlend, wie sehr er seine Kinder liebt.«

Das war erst der Beginn von Annes Glaubensabenteuer.

Nachdem sie zusammen mit ihrer Freundin Nicole an diesem Nachmittag in den Straßen von Guatemala gestanden hatte, spürte Anne, dass Gott sie beide gebrauchen wollte, um auf Frauen aufmerksam zu machen, die in der Prostitution und im Sex-

handel gefangen waren. Diese Hoffnungslosigkeit, die Anne und Nicole in Karens Augen gesehen hatten, trieb sie dazu, sich für Frauen einzusetzen, die keine Wahl hatten. Sie wollten sich für Frauen engagieren, die entführt worden waren, die man zwang, in Bordellen zu arbeiten, und die mehrmals täglich vergewaltigt wurden. Diese erschütternde Realität wird Sexhandel genannt, und er beschränkt sich nicht auf Guatemala. Sexhandel hat sich zu einem blühenden Geschäft im Untergrund entwickelt, das sich über die ganze Welt erstreckt. Aus diesem Grunde haben die beiden Teenager SOS223 gegründet. Der Name steht für »Save our Sisters« (»Rette unsere Schwestern«) und basiert auf Jeremia 22,3: »So spricht der Herr: Sorgt für Recht und Gerechtigkeit! Rettet den, der beraubt wurde, aus der Hand des Mächtigen. Achtet darauf, dass den Waisen, Witwen und Fremden, die sich in eurer Stadt aufhalten, keine Gewalt angetan wird. Tötet keine unschuldigen Menschen an diesem Ort.«

Sie hoffen, dass sie daraus eines Tages eine rechtlich anerkannte, gemeinnützige Organisation machen können. Bis dahin ist SOS223 einfach der Name für ihre ersten Bemühungen. Sie haben beide an ihren Schulen ihre Mitschüler über die Tragik des Sexhandels informiert und Geld für bereits existierende gemeinnützige Organisationen gesammelt, die sich für betroffene Frauen einsetzen.

Anne ist der Meinung, dass der Schlüssel für einen aufregenden Glauben darin zu finden ist, anderen zu dienen. »Wenn ich anderen diene, fühle ich mich Gott ganz nah und habe so viel Freude in mir.«

Ich weiß nicht, wie es dir geht, aber ich möchte auch einen solchen Glauben! Einen Glauben, der sich nicht scheut, sich einer Prostituierten zu nähern und ihr von Jesus zu erzählen. Einen Glauben, der Träume in meinem Herzen entstehen lässt, um die Welt zu verändern – so wie Anne davon träumt, den Sexhandel aufzulösen. Einen Glauben, der entsprechend diesen Träumen handelt und sich darauf verlässt, dass Gott mich gebrauchen möchte. Er hat eine Berufung für mein Leben. Ich muss sie nur erkennen und leben.

Becky

Ich weiß nicht, was Becky mehr liebt: den Frappuccino bei Starbucks oder von Herzen zu lachen.

Das mit den Frappuccinos kann ich nachvollziehen. Als wir einmal bei Starbucks in San Antonio, Texas (unserem Wohnort), saßen, haben wir festgestellt, dass wir beide ihn gern trinken. Aber lachen? Warum sollte Becky das gern tun? Als ich sie zum ersten Mal in diesem Starbucks-Café traf, konnte ich mir nicht vorstellen, dass sie viel zu lachen hatte. Schließlich würde man sich doch ziemlich hoffnungslos und depressiv fühlen und dazu noch wütend auf Gott sein, wenn man querschnittsgelähmt und das ganze Leben an einen Rollstuhl gebunden ist, oder? Würdest du es nicht schwer finden, dann noch zu lachen?

Auch wenn Becky zugibt, dass sie Gott manchmal die Frage nach dem Sinn ihrer Lage stellt, setzt sie ihr ganzes Vertrauen auf einen liebenden Gott – einen Gott, der ein Ziel für sie hat, einen Gott, der mehr sieht als sie –, und dann überwindet der Glaube ihre Zweifel.

Becky wurde mit einer Fehlbildung an der Wirbelsäule geboren, die Spina bifida heißt. Sie kann ihre Beine nicht spüren und nicht gehen. Doch obwohl sie sich nur oberhalb ihrer Hüfte bewegen kann, hat die Krankheit sie nicht kleingekriegt.

Als sie neun Jahre alt war, begann sie vor anderen über ihre Behinderung zu sprechen. Eine ihrer ersten Gelegenheiten dazu bekam sie in der Jugendgruppe ihrer Gemeinde. In der darauffolgenden Woche kam ein Teenager aus der Jugendgruppe, der ihre Geschichte gehört hatte, auf sie zu und sagte:»Wenn ich

gelähmt wäre, würde es mir schlecht gehen. Aber dich so voller Freude zu sehen – und wie du deine Geschichte erzählst und versuchst, anderen deutlich zu machen, wie gut Gott ist, während du den Rest deines Lebens im Rollstuhl verbringen musst –, hat jetzt *mein* Leben verändert.«

So ist Becky. Ihre Freude ist ansteckend. Sie ist ein Mädchen, die einen so erfrischenden und fröhlichen Glauben gefunden hat, dass sie trotz ihrer Umstände überall in der Welt Leben von Menschen verändert, besonders in Rumänien.

Während wir bei Starbucks an unseren Getränken nippten, erzählte mir Becky, dass behinderte Menschen in Rumänien oft als verflucht angesehen werden, im Haus eingesperrt sind und keine Chance bekommen, etwas Sinnstiftendes im Leben zu tun. Deshalb reist Becky jedes Jahr nach Rumänien. Sie und ihre Eltern begleiten ein Team, um Rollstühle zu verteilen und behinderten Menschen zu erzählen, dass Gott sie liebt und gebrauchen möchte, egal, wie sehr man ihnen eingeredet hat, nutzlos zu sein. Dass sie so gern lacht, hat in Rumänien Leben verändert.

Sie hat mir zum Beispiel von einem rumänischen Mann erzählt, der sich ihrer Mutter näherte und fragte, warum ihre Tochter lachen könne, wenn sie doch im Rollstuhl sitze. Das gab Becky die Gelegenheit, diesem Mann von Jesu Liebe und Hoffnung weiterzuerzählen.

Ihr strahlendes Lachen hat auch mich verändert. Ich hörte voller Bewunderung zu, wie sie mir aus ihrem Leben berichtete. Sie gab zu, dass sie oft mit der Einsamkeit zu kämpfen hatte – nicht viele Freunde zu haben, keinen, der sie völlig verstand –, besonders in der Mittel- und Oberstufe. Dabei sind Freunde in der Schule doch *so* wichtig. Kannst du dir vorstellen, jahrelang ohne eine enge Freundin zu sein, mit der du dein tägliches Leben teilen kannst? Doch ganz gleich, wie viele einsame Wochenenden sie verlebt hat, wie viele Operationen sie über sich ergehen lassen musste oder wie viele Male sie sich schon

gewünscht hat, laufen zu können: Becky hat einen lebendigen Glauben, einen Glauben, der ihr Freude, Frieden und Sinn gibt.

Möchtest du nicht auch einen solchen Glauben? Mein Lieblingssatz, den Becky an diesem Tag bei Starbucks sagte, lautet:»Meinen ersten Schritt werde ich im Himmel bei Jesus machen.« *Wow!*

In Hebräer 11,1 heißt es:»Was ist nun also der Glaube? Er ist das Vertrauen darauf, dass das, was wir hoffen, sich erfüllen wird, und die Überzeugung, dass das, was man nicht sieht, existiert.« Becky hat einen solchen Glauben. Obwohl sie es noch nicht sehen kann, weiß sie, dass ihr wirklicher Körper und ihr wirkliches Zuhause auf sie warten. Und beides wird ihre Herausforderungen auf der Erde *bei Weitem* übertreffen.

Jamie Grace

Bist du ein Fan von YouTube? Falls ja, dann gib das nächste Mal auf YouTube den Namen einer jungen Frau namens Jamie Grace ein.

Jamie Grace benutzt YouTube, um anderen zu helfen und ihnen von ihrem Glauben zu erzählen. Sie leidet an einer neurologischen Krankheit, die Tourette-Syndrom heißt oder einfach kurz TS. In ihrer Kindheit litt Jamie Grace deshalb unter ganz vielen peinlichen Situationen. TS bewirkt, dass man wahllos zuckt und durchgeschüttelt wird, dazu stottert und unkontrollierte Geräusche von sich gibt (in sehr unpassenden Momenten). Aber sie entschied sich, sich wegen TS nicht zu schämen. Stattdessen vertraute sie Gott ihr Leben an – und gleichzeitig übergab sie ihr Herz und ihre Krankheit in Gottes Hand –, damit er sie gebrauchte, um andere zu ermutigen. Sie begann, Videos im Internet zu posten, und wurde dadurch zu einer Ermutigung

für andere Teenager, die mit dieser Krankheit kämpften. Die Reaktionen auf die Videos waren überwältigend. So viele Menschen konnten sich mit Jamie Grace identifizieren und waren dankbar zu wissen, dass sie mit der Krankheit nicht allein im Leben waren.

Um auf kreative Art Dampf abzulassen und ihre Probleme mit der Krankheit zu bewältigen, begann Jamie Grace, Lieder zu schreiben. So postete sie zusätzlich zu den Videos über den Kampf mit TS Videos mit ihren selbst geschriebenen Liedern. Die meisten ihrer Lieder waren Liebeslieder für Jesus. Während es auf ihre TS-Videos lauter positive Reaktionen gab, erhielt sie auf ihre »Jesus«-Musik hin negative Kritik. Viele waren von ihren Songs nicht begeistert, weil sie eine christliche Botschaft hatten. Jamie erhielt viele verletzende Kommentare und hätte leicht aufgeben können. Aber sie weigerte sich, sich von den Urteilen anderer bestimmen zu lassen, genauso wie sie es nicht zugelassen hatte, dass TS sie in die Knie zwang.

Sie war bereit, auf dem Weg mit Gott Risiken einzugehen, und deshalb postete sie einen Song nach dem anderen – bis sie ein christlicher Künstler namens TobyMac entdeckte. Inzwischen hat sie einen Plattenvertrag, und eines ihrer Lieder ist ein Hit im amerikanischen Radio! Und das alles begann mit einem Teeniemädchen, das einige peinliche Situationen wegen einer unheilbaren Krankheit erleben musste.

Jamie Grace liebte Gott zu sehr, als dass sie sich mit einer Geschichte voller Peinlichkeiten abfinden wollte. Sie vertraute ihm ihr Herz an und bat ihn, sie zu gebrauchen. Und sieh sie dir jetzt an! Was für ein Abenteuer sie erlebt, weil sie Abertausenden erzählt, wie gut Gott ist.

Möchtest du auch einen Glauben wie Jamie Grace haben? Ich schon! Ein Glaube, der darüber steht, was die Welt über einen denkt; ein Glaube, der Tausenden Menschen mutig erzählt, dass

Gott sie liebt; ein Glaube, der so voller Feuer ist, dass er zu Liedern inspiriert, die anderen Hoffnung und Freude bringen.

Aber die Wahrheit ist, ich bin manchmal ...

... gelangweilt, einfach gelangweilt

Ich sprudle nicht immer über vor Freude über Gott. Wenn ich ehrlich bin (du wirst noch merken, dass »mal ehrlich sein« eines der Dinge ist, die ich am liebsten mache), dann muss ich zugeben, dass mich mein Glaube manchmal langweilt.

Wenn ich im Gottesdienst sitze und der Predigt lausche, gibt es manchmal Zeiten, in denen ich nur »bla, bla, bla« höre. Tief im Inneren denke ich: *Ich will endlich zum Mittagessen.*

Es gibt Zeiten, in denen das Letzte, was ich lesen will, die Bibel ist. Dann gehe ich lieber auf Facebook oder nehme die neueste Klatschzeitschrift zur Hand.

Es gibt Zeiten, in denen ich beim Beten einschlafe und in denen ich lieber Zeit mit Freunden verbringe als mit Gott.

Kennst du das? Hast du dich auch schon dabei gelangweilt, an Gott zu glauben? Falls ja, dann ist es Zeit, dass du ehrlich wirst. Schreib ein paar Zeilen über die Zeit, als dir dein Glaube ziemlich langweilig vorkam. (Das könnte auch in diesem Moment sein!)

Wenn du mit einem von diesen Mädchen sprächest, die ich auf den ersten Seiten erwähnt habe, dann würden sie zugeben, dass ihr Glaube auch nicht immer voller Abenteuer oder Feuereifer ist. Auch sie sind auf ihrem Weg mit Gott manchmal gelangweilt. Wir alle werden unsere Hochs und Tiefs mit Gott haben – nicht, weil Gott mal so, mal so ist, sondern weil wir es sind. Und weil das so ist, möchte ich dir ein paar realistische Erwartungen an dieses Buch mit auf den Weg geben.

Was es nicht ist

Das Wichtigste zuerst: Ich werde dir sagen, was du aus diesem Buch *nicht* mitnehmen wirst:

* Ziel dieses Buches ist *nicht*, dir einen perfekten, vor Leben übersprudelnden, sprunghaft wachsenden Glauben zu versprechen.
* Ich biete dir *keine* rettende Formel für einen Glauben an, der 24 Stunden am Tag nur so vor Feuereifer sprüht.
* Du wirst dieses Buch *nicht* zuklappen und *alle* Antworten für einen dynamischen Glauben haben. Ich weiß selbst nicht auf alles eine Antwort.
* Du wirst am Ende *nicht* bis in alle Einzelheiten wissen, wie dein Glaube aussehen soll. Jeder von uns befindet sich auf seiner eigenen einzigartigen Glaubensreise.

Nun fragst du dich vielleicht: *Also ... worum geht es dann in diesem Buch? Sieht so aus, als ob du mir nicht wirklich helfen könntest.*

Was es ist

Okay, bevor du dieses Buch also wieder zuklappst, will ich dir sagen, was du aus diesem Buch auf jeden Fall mitnehmen wirst – das hoffe ich jedenfalls.

Ziel dieses Buches ist, dich ein wenig aufzurütteln. (Deshalb heißt das Buch ja auch *Shake it!*)

Egal, wo du gerade in deiner Glaubensreise stehst – ob diese Sache mit Gott noch neu für dich ist oder ob du schon dein ganzes Leben gewusst hast, wie eine Beziehung mit Jesus aussieht –, wenn du dieses Buch fertig gelesen hast, möchte ich, dass du aufhörst, es dir bequem zu machen. Hör auf, dich mit einem Glauben zufriedenzugeben, der öde, langweilig oder farblos ist. So viele von uns stecken in einem leblosen Glauben fest und bleiben dort, weil sie denken, dass ein Leben mit Gott eben so aussieht. Nein! Gott will mehr für uns!

Jesus sagt: »Ich aber bin gekommen, um ihnen das Leben in ganzer Fülle zu schenken« (Johannes 10,10). Willst du einen Glauben, der voller Leben ist? Damit meine ich ein Leben, das die Seele erfüllt und das aus dem Herzen überschäumt. Möchtest du ein solches Leben? Ich schon! Ich möchte *mehr* auf meinem Weg mit Gott erleben. Und ich glaube, du sehnst dich tief im Innern auch nach mehr, denn sonst hättest du nicht dieses Buch in die Hand genommen.

> Hör auf, dich mit einem Glauben zufriedenzugeben, der öde, langweilig oder farblos ist.

Um also dieses »Leben in ganzer Fülle« zu finden, werden wir uns mit ein paar Fragen beschäftigen, zum Beispiel: »Warum wird mir mit Gott langweilig?« Und während wir uns mit dem *Warum* beschäftigen, werden wir das *Wie* besser verstehen.

Wie können wir uns mit Gott *ent*langweilen? (Ja, ich weiß, *entlangweilen* ist kein richtiges Wort, aber in diesem Buch ist es das.) Wenn du einen Zweijährigen babysittest, der plötzlich aus heiterem Himmel einen Wutanfall bekommt, weißt du nicht, *wie* du Abhilfe schaffen kannst, bis du weißt, *warum* um alles in der Welt dieses Kleinkind so schreit! Und deshalb werden wir nach dem *Warum* fragen. Je mehr wir verstehen, *warum* wir in diesem langweiligen Trott feststecken, desto besser verstehen wir, *wie* wir da rauskommen.

Und schließlich werden wir gegen Ende des Buches die Frage beantworten: »Interessiert es Gott überhaupt, wenn ich mich mit ihm langweile?« Und nochmals: Ich verspreche dir keine perfekten Lösungen für einen perfekten Glauben. Ich verspreche dir nur Fragen, die dir helfen, dein Herz zu erforschen. Wir werden über verschiedene Themen sprechen, damit du dich auf den Weg zu einem erfüllteren Glauben begeben kannst.

Gut, jetzt habe ich mich darüber ausgelassen, was meine Rolle in diesem Buch ist und was ich dir gern anbieten möchte, aber wie sieht es mit dir aus?

Du spielst eine *riesengroße* Rolle in diesem Buch!

Und weißt du, worin sie besteht? Im Lesen. Aber nicht einfach nur im Lesen. Im *aktiven* Lesen.

Ich möchte nicht, dass du einfach nur die Seiten durchblätterst und die Wörter liest, sondern dass du sie in dein Herz dringen lässt. Aktiv zu lesen bedeutet, dass du deine Gedanken aufschreibst. Und ich biete dir viele Gelegenheiten, damit du genau das tun kannst. Also tu es! Aktives Lesen heißt auch, dass du dir den Inhalt der Worte vornimmst und ihn auf deine eigene Situation anwendest. Denk über dein eigenes Leben nach und frage Gott, wie die Sätze und Ideen in diesem Buch dir in deiner jetzigen Lage helfen können.

Deine Rolle besteht auch darin zu beten. Bete, dass Gott dir ein weiches Herz gibt, weich genug, damit er dich formen und gestalten kann. Weich genug, dass seine Worte zu dir durchdringen können. Weich genug, damit du verstehen kannst, was er dir sagen möchte. Nur Gott kann deinen Glauben vom öden Grau in einen Glauben mit Geschmack und in Farbe verwandeln. Um diese Reise zu beginnen, lass uns als Erstes zusammen beten.

Gott, gib uns weiche Herzen – Herzen, die sensibel für deine Stimme sind, Herzen, die sich verändern lassen. Hilf uns, in unserem Glauben zu wachsen. Hilf uns, dich immer besser zu verstehen. Gebrauche dieses Buch, um uns zu verändern, sodass wir immer mehr erkennen, wie gut du zu uns bist. Amen.

Kapitel 2

Hinter den Kulissen, zwischen den Zeilen, unter dem Make-up

Beängstigend ehrlich

Also, ich werde jetzt gleich mal ziemlich ehrlich – beängstigend ehrlich. Ich werde dir einige Wahrheiten mitteilen, auf die ich nicht stolz bin, und dir einen kurzen Einblick in die dunkleren Ecken meines Herzens geben, die ich sonst eher verberge. Die Wahrheit ist: In meinem Herzen sieht es chaotisch aus. Wirklich chaotisch. Chaotischer als dein Zimmer, nachdem sechs deiner Freundinnen zu einer kleinen Party zu dir gekommen sind. Chaotischer als dein Haar nach einem Sommertag im Freizeitbad. Chaotischer als die Rücksitzbank eures Autos nach einer achtstündigen Fahrt. Ja, so chaotisch. Meinst du, du kommst damit klar? Also ...

Der Hinter-den-Kulissen-zwischen-den-Zeilen-unter-dem-Make-up-Blick in Jennas Herz sieht so aus: (Wie du siehst, bin ich nie um Worte verlegen.)

Ich kann keinen Tag erleben, ohne über jemanden zu urteilen. »Ich kann es nicht fassen, dass sie so etwas anzieht!« »Wow, denkt er wirklich, er kann mit einem Mädchen wie ihr zusammenkom-

men?« Oder: »Ich bin so froh, dass ich nicht wie sie bin.« Pfui! Diese brutale Ehrlichkeit kann einem wirklich Bauchschmerzen bereiten.

Wenn ich für jemanden etwas Nettes tue, ist es oft so, dass ich es nur mache, damit jemand anderes besser von mir denkt. Meine Mutter soll bemerken, dass ich das Geschirr abgewaschen habe, oder mein Nachbar soll registrieren, dass ich seinen Hund wieder eingefangen habe. Ich möchte auch ein kleines Schulterklopfen, wenn ich auf einen Missionseinsatz mitgefahren bin. Ich bin fast nie nett, um einfach nur nett zu sein. Ziemlich schockierend, oder?

> Wenn ich für jemanden etwas Nettes tue, ist es oft so, dass ich es nur mache, damit jemand anderes besser von mir denkt.

Es gibt Zeiten, in denen ich andere Autofahrer übel beschimpfe, weil ich denke, dass ich die einzige Person im Universum bin, die korrekt fährt. Bei anderen Gelegenheiten ist das Letzte, was ich tun will, jemandem Geld zu leihen, einer Freundin das Essen im Restaurant zu bezahlen oder ihr mein Lieblingstop auszuleihen, denn ich bin ziemlich knauserig.

Ich bin eifersüchtig auf andere, die klüger und hübscher sind als ich. Und manchmal fällt es mir schwer, mich für meine Freunde zu freuen, wenn sie Erfolg haben, denn tief im Innern wünsche ich, dass ich diesen Erfolg gehabt hätte.

Und die Liste ist noch lange nicht fertig ...

So sieht es also aus – mein verkorkstes Herz. (Und ich habe jetzt nur an der Oberfläche gekratzt.) Warum habe ich dir all das

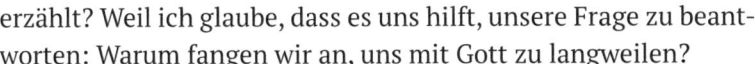

erzählt? Weil ich glaube, dass es uns hilft, unsere Frage zu beantworten: Warum fangen wir an, uns mit Gott zu langweilen? Die Antwort finden wir in unseren Herzen. In unseren Herzen türmt sich ein Haufen Müll. Ich habe dir ein paar meiner negativen Gedanken mitgeteilt – nicht, weil ich der Meinung bin, dass du vielleicht ähnlich denkst, sondern um zu zeigen, dass wir alle große dunkle Flecken in unseren Herzen haben. Ich weiß nicht, womit du zu kämpfen hast. Ich weiß nicht, was sich unter der Schminke deines Herzens befindet. Aber ich glaube, wenn wir alle ehrlich mit uns selbst sind, brauchen wir etwas mehr als ein bisschen Puder und Lipgloss.

Ich weiß, dass dies jetzt vielleicht eine beängstigende Aufgabe ist und dass sie auch keineswegs Spaß macht, aber es kann hilfreich sein, mal nachzusehen, was sich unterhalb der Oberfläche deines Herzens befindet.

Sei mal eine Sekunde ehrlich mit dir und notiere etwas über diese dunklen Seiten deines Herzens, von denen du am liebsten nichts wissen willst.

_____

_____

_____

_____

Die Bibel macht deutlich, dass wir keine makellosen Herzen haben. Sie ist da ziemlich direkt – lies selbst:

Nichts auf dieser Welt ist so hinterhältig und verschlagen wie das Herz des Menschen.

Jeremia 17,9 (Hervorhebung der Autorin)

Wir *alle* haben früher so gelebt und uns von den Leidenschaften und Begierden unserer alten Natur beherrschen lassen.

Epheser 2,3 (Hervorhebung der Autorin)

Es sind seine Gedanken, die den Menschen verunreinigen. Denn von innen, aus dem Herzen eines Menschen, kommen böse Gedanken wie Unzucht, Diebstahl, Mord, Ehebruch, Habgier, Bosheit, Hinterlist, Vergnügungssucht, Neid, Verleumdung, Stolz und Unvernunft. Alle diese üblen Dinge kommen von innen heraus; sie sind es, die den Menschen unrein machen.

Markus 7,20-23

Neulich habe ich einen Zeitungsartikel über eine Studie gelesen, die ein Professor aus der Schweiz mit 229 Kindern durchgeführt hat. Um es zusammenzufassen: Die Studie bewies, wie selbstsüchtig kleine Drei- und Vierjährige sind. Sieh dir die Ergebnisse an:

In dem Szenario, in dem es um den Gerechtigkeitssinn ging, konnte das Kind zwischen zwei Dingen wählen:

❀ *Möglichkeit Nr. 1: eine Süßigkeit für sich selbst und eine Süßigkeit für ein anderes Kind.*
❀ *Möglichkeit Nr. 2: zwei Süßigkeiten für sich selbst und keine für das andere Kind.*

Im Alter von drei und vier Jahren teilten in dem Experiment nur 8,7 Prozent der Kinder ihre Süßigkeiten mit einem anderen Kind, das sie kannten. Unter den Sieben- und Achtjährigen gaben 45 Prozent der Kinder eine Süßigkeit ab.[1]

Glücklicherweise beginnen Kinder im Alter von sieben oder acht Jahren zu verstehen, wie wichtig Fairness und Teilen sind. Aber jüngere Kinder sind egoistisch! Vielleicht arbeitest du manchmal als Babysitter oder hast einen kleinen Bruder oder eine jüngere Nichte. Muss irgendjemand den Kindern Egoismus beibringen? Ich glaube nicht. Was sind wohl die ersten Worte, die aus den kleinen Mündern kommen – außer *Dada*? *Das ist meins.*

Von Anfang an haben wir Herzen, die nicht Gott, sondern sich selbst wichtiger nehmen. Wir haben von Natur aus selbstsüchtige, verkorkste Herzen.

Vielleicht hast du das noch nicht gewusst. Vielleicht hast du bisher dein Leben mit dem Gedanken gelebt, dass du ein »ziemlich braves Mädchen« bist. Du hast noch nie Drogen verkauft, Heroin gespritzt oder jemanden ermordet. Dein Herz kann *so* schlecht nicht sein, richtig? Falsch. Und das ist der Grund, warum uns mit Gott langweilig wird.

Wir brauchen Gott nicht

Wir fangen dann an, uns mit Gott zu langweilen, wenn wir meinen, dass wir ihn nicht brauchen.

Warum ist Jesus in die Welt gekommen? Um unsere Herzen zu retten und sie zu verändern, und dazu bietet er uns unverdiente Hilfe an. Wenn wir glauben, dass unsere Herzen keine Hilfe brauchen, dann probieren wir vielleicht nur mal ein kleines Stück von der Gnade, mit der Jesus uns retten will. Aber wir sollten uns lieber richtig auf diese Gnade einlassen, so als ob unsere Herzen sie unbedingt nötig hätten – denn das ist der Fall.

Der Zustand unserer Herzen verändert sich, *nachdem* wir Jesus in unser Leben eingeladen haben. Für diese Veränderung können wir aber nur dann wirklich dankbar sein, wenn wir den Zustand unserer Herzen kennen, *bevor* wir Jesu Rettung für uns in Anspruch genommen haben. Und deshalb habe ich dich im ersten Teil dieses Kapitels gebeten, dich mal mit den dunklen Seiten zu

befassen, die in deinem Herzen lauern. Ich habe gehofft, dass du wirklich verstehst, wie es in deinem Herzen aussieht. Du solltest dich nach einer Veränderung in deinem Herzen sehnen und begreifen, warum wir Jesus brauchen. Und Jesus tut noch so viel mehr, als nur unsere verschmutzten Herzen reinzuwaschen. Er möchte uns völlig neue Herzen schenken!

Sieh dir mal folgende Verse an:

> Und ich werde euch ein neues Herz geben und euch einen neuen Geist schenken.
>
> *Hesekiel 36,26*

> Ich aber bin mit Christus gekreuzigt ... Ich lebe, aber nicht mehr ich selbst, sondern Christus lebt in mir.
>
> *Galater 2,19-20*

> Wir fangen an, uns mit Gott zu langweilen, wenn wir meinen, dass wir ihn nicht brauchen.

Jesus lebt also in dir und schenkt dir ein neues Herz, wenn du ihm vertraust. Deshalb brauchen wir uns nicht entmutigt oder hoffnungslos fühlen. Wir haben ein neues, sauberes Herz, wenn wir Jesus in unser Leben einladen!

Das heißt aber nicht, dass wir von nun an ein perfektes Leben führen, Gott immer vertrauen, ihn stets lieben und ihm gern nachfolgen. Vorhin habe ich ehrlich zugegeben, wie dunkel es manchmal in meinem Herzen aussieht, auch wenn ich Jesus vertraue und vor Jahren ein neues Herz erhalten habe. Wie kann das also sein?

Den meiner Meinung nach besten Vergleich, was mit unseren Herzen passiert, wenn wir Jesus vertrauen, hat ein Mann namens

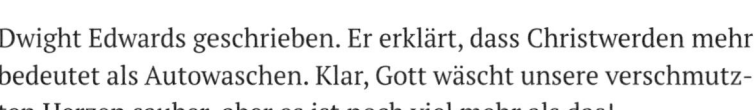

Dwight Edwards geschrieben. Er erklärt, dass Christwerden mehr bedeutet als Autowaschen. Klar, Gott wäscht unsere verschmutzten Herzen sauber, aber es ist noch viel mehr als das! Lies selbst:

Es ist so, als ob zwischen den verschiedenen Waschphasen in der Waschstraße ein brandneuer Motor in das Auto eingelassen worden wäre, samt neuer Bereifung. Natürlich ist der alte Motor auch noch vorübergehend im Auto geblieben, und wir können uns aussuchen, ob wir ihn (unklugerweise) noch benutzen ... Aber wir müssen es nicht.[2]

So sieht es also in dir aus. Du hast einen brandneuen Motor in dir (ein neues Herz), aber du hast auch noch den alten, kaputten Motor, der dir oft in die Quere kommt. Die Bibel nennt dieses Kaputte unsere »menschliche Natur« – es ist unser altes sündiges Ich, das uns auf falsche Wege leiten will und von Gott wegführt. Wir müssen den Rest unseres Lebens auf dieser Erde gegen diese menschliche Natur ankämpfen. Und die menschliche Natur ist eine Antwort auf unsere Frage: »Warum wird mir mit Gott langweilig?«

Auf welche Weise hindert dich deine menschliche Natur daran, eine aufregende Beziehung mit Gott zu erleben?

Unsere menschliche Natur wird uns immer dazu bringen, uns selbst wichtiger zu nehmen als Gott. Sie ist egoistisch. Sie handelt gegen das, was Gott von uns möchte: Er wünscht sich von uns, dass wir uns selbst verleugnen (vgl. Lukas 9,23). Je mehr wir unsere menschliche Natur verneinen und Jesus nachfolgen, desto mehr verwandelt sich unser Glaube vom öden Grau in einen Glauben mit Geschmack und in Farbe.

Lass uns jetzt mal innehalten und Gott bitten, uns zu helfen, mit unseren neuen Motoren statt mit den alten zu leben. Wir können ihn bitten, uns eine Sehnsucht danach zu schenken, mehr das zu wollen, was *er* von uns möchte, und nicht das, was *wir* wollen.

Gott, bitte hilf uns, gegen unsere menschliche Natur anzugehen, die von dir wegführt und unseren Glauben erkalten lässt. Hilf uns, mehr nach unseren neuen Herzen zu leben, die sich nach dir sehnen und nach dem, was gut ist. Amen.

Falls du dich je gefragt hast, ob du dich von deiner menschlichen Natur oder deinem neuen Herzen leiten lässt, schlag deine Bibel auf. Unsere neuen Herzen werden *immer* im Einklang mit Gottes Wort sein. Es ist nämlich so: Je mehr du in Gottes Wort liest, desto mehr wirst du den neuen Motor benutzen statt des alten, kaputten Teils. Die Bibel ist wie Benzin für deinen neuen Motor. Sie bringt ihn auf Touren, gibt ihm Energie und erweckt ihn zum Leben, sodass du Entscheidungen auf der Grundlage deines neuen Herzens treffen kannst – statt nach Motiven des alten Herzens, das dich auf einen falschen Weg führen wird. (Wo wir gerade vom Aufschlagen der Bibel reden: Sieh dir mal Paulus' Kampf zwischen seinem neuen und alten Motor in Römer 7,15-25 an.)

Täuschende Gefühle

Jetzt, da wir den Zustand unseres Herzens besser verstehen, können wir noch eine Antwort auf die Frage »Warum wird mir mit Gott langweilig?« finden: unsere unzuverlässigen Gefühle. Weil sich unsere menschliche Natur immer wieder einmischt, müssen wir besonders vorsichtig bei diesen Nebenwirkungen der menschlichen Natur sein, die gerade bei Mädchen typisch ist.

Nimm dir eine Minute Zeit, um all die verschiedenen Gefühle aufzuschreiben, die du heute empfunden hast. Warst du frustriert wegen deiner Mutter, böse auf deinen Bruder oder deine Schwester, unsicher in der Turnhalle, ungeduldig im Straßenverkehr, verständnisvoll gegenüber einer Freundin?

_____

_____

_____

_____

_____

Unsere Gefühle können uns manchmal täuschen (besonders während unserer Tage, richtig, Mädels?). Es gibt Tage, an denen ich aufwache und die Welt hasse. Ich kann dann meine Haare nicht ausstehen, meine Haut und die Aufgaben, die ich im Haushalt erledigen muss. Und dann passiert etwas: Ich trinke ein großes Glas Cola, ich mache einen Mittagsschlaf, ich bekomme eine SMS von einer alten Freundin oder ich esse den saftigsten Cheeseburger zu Mittag. Und weißt du was? Auf einmal fühle ich mich großartig! Meine Gefühle können so unzuverlässig sein!

Ich weiß, du hast schon oft etwas in der Art gehört wie:»Folge deinem Herzen, es hat immer recht.« Aber wir müssen bei solchen Ratschlägen vorsichtig sein, denn viele unserer Gefühle kommen nicht aus dem neuen Herzen, das Gott uns gegeben hat. Sie kommen von unserer menschlichen Natur. Lass uns zum Beispiel Kathrins Geschichte ansehen:

Kathrin

Kathrin geht in die elfte Klasse der Highschool. Sie mochte diesen einen Jungen ziemlich gern und glaubte, dass ihr Herz ihr sagte:»Lass dich auf ihn ein!« Alle ihre Freundinnen waren jedoch ziemlich skeptisch und rieten ihr, sich von ihm fernzuhalten. Kathrin schenkte den Warnungen keine Beachtung und entschied sich,»ihrem Herzen« oder zumindest ihren Gefühlen zu folgen. Nachdem Kathrin eine Weile mit dem Typ zusammen war, fand sie raus, dass er sie eine lange Zeit während ihrer Beziehung mit einem anderen Mädchen betrogen hatte. Heute hat Kathrin Angst davor, ihren eigenen Gefühlen zu vertrauen. Und das nicht ohne Grund! Gefühle können uns täuschen.

Auch in der Bibel heißt es, dass wir uns nicht auf uns selbst, sondern auf Gott verlassen sollen, dessen Herz nicht ständig hin und her schwankt oder voller verrückter Emotionen ist. In Sprüche 3,5 können wir lesen:»Vertraue von ganzem Herzen auf den Herrn und verlass dich nicht auf deinen Verstand.«
Wenn wir uns nicht von unseren Gefühlen leiten lassen sollen, wem sollen wir laut Bibel dann vertrauen?
Gott.
Warum?
Lass uns mal seine Eigenschaften ansehen. Ich habe so eine Ahnung, dass du noch verstehen wirst, was es damit auf sich hat:

Er ist ein Fels, sein Tun ist vollkommen. Alles, was er macht, ist richtig und gerecht. Er ist ein treuer Gott, der kein Unrecht tut; gerecht und zuverlässig ist er!

5. Mose 32,4

Er, der Israels Herrlichkeit ist, lügt nicht und ändert seinen Sinn nicht, denn er ist kein Mensch, der seinen Sinn ändert!

1. Samuel 15,29

Alle deine Worte sind wahr.

Psalm 119,160

Umkreise die Worte, die in diesen Versen beschreiben, wie Gott ist. Vergleiche jetzt diese umkreisten Worte mit dem, was du zuvor an Gefühlen aufgeschrieben hast, die du während der letzten zwölf Stunden hattest. Erkennst du einen Unterschied? Gott ist so beständig, stabil und zuverlässig. Unseren Gefühlen können wir nicht immer vertrauen, Gott aber schon.

Wenn wir je das *Gefühl* haben, dass Gott nicht so supertoll ist und nichts anderes tut, als im Himmel zu chillen ...

Wenn wir je das *Gefühl* haben, dass wir ihn nicht hören können und dass ihn das wahrscheinlich wenig kümmert ...

Wenn wir je das *Gefühl* haben, dass unsere Lobpreislieder oder Gebete nur von der Decke abprallen und nicht den Himmel erreichen ...

Wenn wir je das *Gefühl* haben, dass die Kirche kaum eine Bedeutung hat und die Bibel nur eine ausgedachte Geschichte ist, die das Leben von Menschen nicht wirklich verändert ...

Wenn wir je das *Gefühl* haben, dass uns mit Gott langweilig wird ...

Warum solltest du diesen Gefühlen vertrauen? Sie sind *nicht* zuverlässig!

Mir ist eins klar geworden: Wenn ich das Gefühl habe, dass

mich Gott langweilt, dann kommt dieses Gefühl gewöhnlich von meiner menschlichen Natur, dem »kaputten Motor«. Dieses Gefühl ist nicht auf Wahrheit gegründet. Und das Ganze liegt nicht an Gott, sondern an mir.

Vertiefende Gedanken

Schwankende Gefühle zu haben, ist nicht grundsätzlich falsch. Auch nicht, wenn wir mal wütend auf oder enttäuscht von Gott sind. Das Gefühl selbst ist nicht die Sünde oder der Fehler. Wichtig ist, was wir daraus machen. Wir können unsere Gefühle nicht immer kontrollieren, aber ich glaube an einen Gott, der uns auf dem Weg durch die emotionale Achterbahn, in der wir Mädchen sitzen, unterstützen will. Ein Abschnitt in der Bibel, der mir half, meine Gefühle unter Kontrolle zu bekommen, ist Philipper 4,8-9.

Konzentriert euch auf das, was wahr und anständig und gerecht ist. Denkt über das nach, was rein und liebenswert und bewunderungswürdig ist, über Dinge, die Auszeichnung und Lob verdienen ... und der Gott des Friedens wird mit euch sein.

Womit bist du in Gedanken am meisten beschäftigt?

_____

_____

_____

_____

_____

Meinst du, dass deine Gedanken sich auf das konzentrieren, was wahr, anständig, gerecht, rein, liebenswert und bewunderungswürdig ist? Wenn unsere Gedanken unbeständig sind, wirkt sich das auch auf unsere Gefühle aus. Mit der Bibel zu beten ist eine großartige Möglichkeit, um unsere Gefühle auf Gottes Wahrheit zu gründen. Lass uns den oben genannten Vers in Gedanken und in unserem Herzen beten. Es klingt dann vielleicht so:

Gott, meine Gedanken und Gefühle driften in alle möglichen Richtungen. Bitte kontrolliere meine Gedanken und lenke sie auf die guten, liebenswerten und bewunderungswürdigen Dinge. Und bitte gründe meine Gefühle auf deine Wahrheit. Amen.

 ## Zusammenfassung

Warum wird uns mit Gott langweilig?

Wir sehen nicht die dunklen Seiten unserer eigenen Herzen; deshalb verstehen wir nicht, wie sehr wir Jesus brauchen. Obwohl uns Jesus neue Herzen schenkt, versucht unser altes Ich – die »menschliche Natur« – uns immer noch in die falsche Richtung zu führen und ermutigt uns, uns selbst wichtiger zu nehmen als Gott. Diese menschliche Natur schafft letztendlich Gefühle, die unzuverlässig sind. Wenn wir also anfangen, uns mit Gott zu langweilen, kommt dieses Gefühl von unserer menschlichen Natur und basiert nicht auf Gottes Wahrheit.

Wenn wir die Gründe für unsere Langeweile kennen, wie können wir uns dann mit Gott »entlangweilen«?

Wir müssen zunächst offene Augen dafür bekommen, wie verkorkst unsere Herzen sind. Das schafft in uns eine tiefe Sehnsucht und

einen Hunger nach Gott. Wir hören auf, ihn als selbstverständlich und langweilig anzusehen. Wir öffnen dann unsere Augen für unsere neuen Herzen, die Jesus uns gegeben hat. Dadurch werden wir dankbar dafür, was Jesus getan hat, um uns zu retten. Und wir beten – wir beten dafür, dass wir mit unserem »neuen Motor« statt mit dem alten, »kaputten Motor« leben.

Kapitel 3

Gelangweilt sein ergibt einen Sinn

Überstimulierung der Sinne

Kim

Kim macht ihre Mathehausaufgaben, während sie Musik ihrer Lieblingsband hört, um das Tubaspielen ihres Bruders zu übertönen. Gleichzeitig schreibt sie ihrer besten Freundin und einem Jungen, den sie mag, eine SMS und geht immer wieder auf Facebook, um zu sehen, ob jemand online ist. Währenddessen steht ihre Mutter im Türrahmen und fragt nach ihren Wochenendplänen; ihr Vater kommentiert lauthals ein Spiel, das im Fernsehen im Wohnzimmer läuft, und Kim nascht ein Paar Gummibären und träumt vom Abschlussball der Schule – alles zur selben Zeit.

Puh! Bist du allein vom Lesen dieses Abschnittes erschöpft? Nun, wahrscheinlich nicht, weil es vielleicht bei dir jeden Tag ähnlich abläuft. Wenn du ein kleines Spiel machen willst, dann versuch mal alle Tätigkeiten zu zählen, die in diesem kleinen Moment zur selben Zeit in Kims Leben ablaufen. Auf welche Zahl bist du gekommen? Ich habe zehn Dinge gezählt (Hausaufgaben machen,

Musik hören, Tuba spielender Bruder, SMS schreiben, Facebook checken, redende Mutter, schreiender Vater, laufender Fernseher, Naschen und Tagträumen).
Erinnert dich das an ... dich?

❀ 44 Prozent der 11- bis 18-Jährigen sehen täglich ein bis zwei Stunden fern, 37 Prozent verbringen ein oder zwei Stunden täglich vor dem Computer und 44 Prozent hören mehr als drei Stunden täglich Musik.[3]

❀ 74 Prozent der 10- bis 18-Jährigen nutzen aktiv eine Online-Community.[4]

❀ 92 Prozent der 10- bis 18-Jährigen besitzen ein eigenes Handy.[5] In Deutschland wurden im Jahr 2011 fast 148 Millionen SMS pro Tag verschickt.[6]

Wir leben in einer Kultur, die mit Sinneseindrücken überstimuliert ist! Wir *hören* dauernd Musik, *sehen* das neueste Musikvideo, *schmecken* die neueste Eiscremesorte im Eiscafé um die Ecke, *sehen* uns eine neue Zeitschrift an.

Was ermöglicht es uns in erster Linie, dass du und ich stundenlang unsere Sinne stimulieren können? Die Technik. Wir sind an Aufladegeräte gestöpselt, sind zugestöpselt mit Kopfhörern und »auf Sendung geschaltet«, während wir versuchen, die Stimme unserer Mutter »auszuschalten«.

Nimm dir eine Minute Zeit und schreibe auf, wie viel Zeit du täglich mit technischen Geräten verbringst (iPod, TV, Radio, Computer, Internet etc.)

Wir leben in einer Welt, die ständig unsere Sinne anspricht. Ich habe gerade 20 Minuten ferngesehen und mich dabei auf die Werbung konzentriert, um diesen Punkt zu beweisen. Sieh dir mal an, was ich rausgefunden habe. Das Erste, was mir auffiel: Unser Land ist besessen von Essen! Scheibenkleister! Das Zweite, was mir auffiel: Fast jeder Werbespot sprach meine Sinne an. Ich wollte mich selbst im Spiegel *ansehen*, nachdem ich die Werbung für ein Diätprodukt gesehen hatte, mit dem ich angeblich die beste Strandfigur bekomme. Ich wollte einen Snack *essen*, nachdem ich die Käse-cracker-Werbung gesehen hatte. Ich wollte die weichen Sofas im Schlussverkauf des Möbelladens *anfassen* (und ein Mittagsschläfchen machen). Es ist kein Zufall, dass die Werbung unsere Sinne stimuliert.

Neulich habe ich ein Buch gelesen mit dem Titel *Brand Sense: Warum wir starke Marken fühlen, riechen, schmecken, hören und sehen können*. Der Autor erzählt darin eine Geschichte über eine Freundin, die mitten im Winter nach einem Geburtstagsgeschenk suchte, jedoch in einen Laden ging, der das ganze Jahr über Badesachen verkauft. Sie wollte sich eigentlich nur den Schmuck ansehen. Doch bald wühlte sie sich durch die Ständer mit den Badesachen. Sie fand es merkwürdig, dass sie auf einmal mitten im Winter einen Badeanzug kaufen wollte, bis sie etwas bemerkte: einen Geruch. Es roch wie im Sommer. Sie fragte den Verkäufer, ob sie jetzt verrückt würde, aber »ein Mitarbeiter führte sie in eine Ecke und zeigte auf eine Maschine, die einen feinen, doch eindeutigen Kokosduft verströmte. (Am Ende kaufte meine Freundin zwar keinen Badeanzug, doch eine Woche später buchte sie eine Reise auf die Fidschiinseln.)«[7]

Ist das nicht verrückt? Aber ich habe eine noch verrücktere Entdeckung für dich. Das Zitat hat mich eigentlich traurig gemacht: »Ich enttäusche Sie ungern, aber so etwas wie Neuwagenduft gibt es nicht – zumindest nicht auf natürlichem Wege. Die Duftnote ›Neuwagen‹ kommt in den Autofabriken aus der Sprühdose.«[8]

Es gibt keinen »Neuwagen«-Geruch? Das ist einer meiner absoluten Lieblingsgerüche! (Ich kann es immer noch nicht glauben.)

Aber zurück zum eigentlichen Punkt. Wir leben in einer Welt, die an jeder Ecke Werbeattacken auf unsere Sinne verübt, einer Welt, in der die Technik König ist.

Will ich damit sagen, dass es schlecht ist, unsere Sinne zu stimulieren? Nein! Unsere Sinne brauchen wir zum Leben! Gott hat sie uns gegeben. Sie erfreuen uns und warnen uns vor Gefahr. Sie helfen uns, uns mit anderen Menschen auszutauschen, und sie weisen uns letztendlich auf Gott hin.

> Die Welt, die wir mit Gott erleben, ist echter als die Welt, die wir mit unseren Sinnen erfahren.

Wenn wir einen Sonnenuntergang sehen, können wir an die wahre Sonne denken. Wenn wir einer Melodie zuhören, können wir uns daran erinnern, dass Gott »mit lauten Jubelrufen« über uns jauchzt (Zefanja 3,17). Wenn wir mit den Fingern durch unser Haar fahren, können wir uns daran erinnern, dass er die Haare auf unserem Kopf gezählt hat (vgl. Matthäus 10,30). Die Sinne sind eine gute Sache, die von Gott geschaffen wurden und uns auf ihn hinweisen.

Aber lass uns mal ehrlich sein. Meistens macht uns diese sinngetriebene Welt blind für Gott. Sie bewirkt, dass wir uns zu sehr auf Realität *dieser Welt* konzentrieren – schließlich können wir sie mit unseren eigenen Augen und Ohren sehen und hören. Und wenn wir uns auf sie konzentrieren, dann wird es mit den Sinnen gefährlich, denn die Welt, die wir mit Gott erleben, ist echter als die Welt, die wir mit unseren Sinnen erfahren. Bei Gott geht es um eine andere Realität – eine Ebene, die wir *die unsichtbare Welt* nennen.

Ist die unsichtbare Welt supermerkwürdig?

Könnte die Überladung von Sinneseindrücken ein Teil der Antwort auf die Frage sein, warum uns mit Gott langweilig wird? Lass uns darüber nachdenken.

Es wird einige von uns geben, die versucht haben, Gott nachzufolgen, aber nachdem wir eine Weile durchgehalten und nichts *gehört* haben ... nachdem wir für eine Weile gebetet und keine Ergebnisse *gesehen* haben ... nachdem wir die Bibel *gelesen* und Gottes Berührung nicht *gespürt* haben, fragen wir uns vielleicht: *Wo ist denn nun Gott? Und was soll das alles? Ich fühle mich kein Stück anders. Ich hänge lieber mit einem Freund oder einer Freundin ab, die ich sehen, hören, berühren kann, und ... na ja ... auch riechen kann!*

Es ergibt irgendwie einen *Sinn* (hat mit den Sinnen zu tun), dass uns mit Gott langweilig werden kann.

Das Leben, das diese Welt verspricht, kann mit dem, worum es beim Glauben an Gott geht, ziemlich heftig aufeinanderprallen.

Gottes Gegenwart befindet sich jenseits unseres gewöhnlichen Geruchs-, Gefühls-, Hör- oder Sehsinns. Es ist eine unsichtbare Welt. Und unsere Welt übertüncht die unsichtbare Welt gelegentlich, indem sie unsere Sinne überstimuliert. Es ist sogar so, dass uns die Vorstellung einer unsichtbaren Welt manchmal ziemlich abschrecken und ängstigen kann. Falls das bei dir der

Fall ist, dann ist das der Beweis – der Beweis, dass du Opfer der Einflüsse bist, die in unserer Welt auf dich warten. Aber Jesus möchte, dass wir unsere Ängste und Vorbehalte ablegen, denn sie führen zu einem langweiligen Glauben. Sieh dir mal Jesu Gebet für seine Nachfolger an:

> Sie [gehören] genau wie ich nicht zur Welt ... Ich bitte dich nicht, dass du sie aus der Welt herausnimmst, sondern dass du sie vor dem Bösen bewahrst.
>
> *Johannes 17,14-15*

Lies diesen Vers noch einmal, aber streiche diesmal überall das Wort »sie« durch und ersetze es jeweils durch deinen eigenen Namen. Was sagt dieser Vers über dich?

_____

_____

_____

_____

_____

Du bist kein Alien ... also ... auf gewisse Weise doch

Wenn du Christ bist, bist du nicht länger von dieser Welt. Wir reden hier nicht über Außerirdische. Du bist nicht in der Lage, deine Haut abzuziehen, um darunter ein E.T.-artiges Wesen zu zeigen. Das ist einfach unheimlich. Aber die Bibel nennt uns

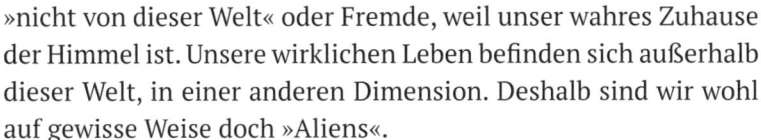

»nicht von dieser Welt« oder Fremde, weil unser wahres Zuhause der Himmel ist. Unsere wirklichen Leben befinden sich außerhalb dieser Welt, in einer anderen Dimension. Deshalb sind wir wohl auf gewisse Weise doch »Aliens«.

Wie wär's, wenn du dir folgenden Gedanken mal durch den Kopf gehen lässt, während du über den Schulflur gehst? Jede Person, an der du vorbeikommst, ist unsterblich. Sie ist entweder auf dem Weg in die Ewigkeit des Himmels oder in die Ewigkeit der Hölle. Ich bin sicher, das würde deine Sicht auf die Sportlertypen in deiner Schule, auf das stille Mathegenie oder den Klassenclown verändern. Was würde sich an deiner Sichtweise in Bezug auf andere ändern? Und wie würdest du dich selbst sehen?

So zu denken bedeutet: Ich sehe die Menschen an und weiß, dass sie mehr sind als sich bewegende Körper – sie sind sich bewegende Seelen! Diese Perspektive macht das Leben viel aufregender. Sie macht auch unsere Beziehung mit Gott aufregender.

Wir werden uns erst mit Gott »entlangweilen«, wenn wir anfangen, die unsichtbare Welt zu einem Teil unseres physischen Lebens zu machen, sodass das Alltägliche geheimnisvoll wird. Dumm, dass es nicht immer so läuft. Wir vergessen schnell die geistliche Dimension, wir vergessen Gott, der viel mehr tut, als wir sehen, hören, riechen oder anfassen können.

Und dann gibt es noch einen Typen, dessen größte Aufgabe es ist, sicherzustellen, dass wir nicht den unsichtbaren Bereich Gottes sehen oder an ihn glauben. Er liebt es, wenn unser Glaube öde und langweilig wird und wenn wir Gott auf unsere fünf Sinne reduzieren. Aber er hasst es, wenn man über ihn redet – deshalb werden wir das natürlich gleich tun.

Der Feind

Okay, ich weiß, dies ist ein Buch für Mädchen; über Kriegsdinge und Kämpfe zu reden ist eher was für Jungs, aber tu, was immer du tun musst, um die folgende Wahrheit nachvollziehen zu können. (Falls das bedeutet, dass du dir vorstellst, eine Rüstung in Pink mit Diamanten zu tragen, nur zu.) Leg los und lass deine innere kriegerische Prinzessin raus!

Die Wahrheit ist: In der unsichtbaren Welt hat Gott einen Feind. Sieh dir noch mal Johannes 17,14-15 an, die Verse, die du schon gelesen hast. Wovor soll Gott dich laut Jesu Bitte schützen?

Genau, vor dem »Bösen« – dem Feind, der auch Satan genannt wird. Er ist gekommen, um alles zu »rauben, morden und [zu] zerstören«, was uns Freude, Liebe und Leben durch Gott bringt (Johannes 10,10). Er ist ständig im Kampf mit Gott und schießt feurige Pfeile voller Lügen auf Gottes Kinder (vgl. Epheser 6,16). Das betrifft auch dich! Diese Lügen können alles und jedes sein, das nicht mit Gottes Wahrheit übereinstimmt, zum Beispiel:»Du bist es nicht wert.«»Du bist nicht schön.«»Dir gelingt auch gar nichts.« Sogar dieses Langeweile-Problem, das wir mit Gott haben, stammt von den Lügen, die der Feind uns eingeflüstert hat: »Gott existiert nicht.« »Du liegst Gott nicht wirklich am Herzen, warum also kümmerst du dich um ihn?« »Warum in der Bibel lesen? Das ist doch langweilig! Schau lieber fern.« Das sind alles Lügen, und vielleicht hast du sie schon gehört. Ich jedenfalls kenne sie.

Der Feind möchte, dass wir so beschäftigt mit den Dingen dieser Welt und darin gefangen sind, dass wir die unsichtbare Welt nicht bemerken und nicht wahrnehmen, wie lebendig und wunderbar unser Gott ist. Der Feind möchte nicht mal, dass wir mit Gott in Kontakt treten. Vielleicht fragst du dich jetzt, warum das so ist.

C. S. Lewis hat ein Buch mit dem Titel »Dienstanweisung für einen Unterteufel« geschrieben, das aus der Sicht des »höllischen Unterstaatssekretärs« Screwtape erzählt ist. Screwtape schreibt: »Glauben die Menschen jedoch an uns, so können wir sie nicht zu Materialisten und Zweiflern machen.«[9] Der Feind möchte, dass du ihn vergisst! Wenn du nicht weißt, dass er da ist, wirst du nicht versuchen, dich gegen ihn zu wehren. Er will, dass du dich nur auf materielle Dinge konzentrierst und an Gott zweifelst, sodass du blind für den Kampf bist, der um dein Herz geführt wird.

Ein Kampf? Um dein Herz? Ja, ganz genau!

Der Feind möchte dein Herz für sich haben. Aber das Tolle ist, dass du einen Gott hast, der auch um dein Herz, deine Zuneigung und um eine Beziehung mit dir kämpft. Er ist ein »mächtiger Krieger«, dem du am Herzen liegst (2. Mose 15,3). Hast du das wirklich verstanden? Gott führt einen schmerzvollen Kampf gegen den Feind – nur wegen *dir!* Gott kämpft gegen den Feind an, der dein Herz von Gott abwenden und deinen Glauben schwächen will. Das passiert in jeder Sekunde des Tages – und die meiste Zeit merken wir gar nicht, dass dieser Kampf stattfindet! Wir verschlafen ihn.

Den Kampf verschlafen

Bist du ein guter Schläfer? Hast du schon mal den Wecker überhört? Oder bist du während eines Films oder während des Unterrichts eingeschlafen? Vielleicht gehörst du zu den Ersten, die auf einer Party abends einschlafen, während alle anderen tanzen, essen, lachen und schließlich lustige Fotos von dir machen, weil du die Erste warst, die eingedöst ist. Ganz gleich, wie fest dein Schlaf ist, ich wette, du könntest nicht schlafen, wenn neben deinem Bett Bomben explodierten, Schwerter schepperten und Kugeln vorbeizischten. (Falls doch, dann hast du ein Problem.) Aber genau das passiert andauernd! Wir machen ein Nickerchen, während direkt um uns herum ein hässlicher Kampf um unsere Seelen stattfindet.

Kein Wunder, dass wir einen müden, langweiligen Glauben haben! Wir dösen, während Satan versucht, uns kleinzukriegen und jede Freude zu stehlen, die wir im Glauben an Gott finden könnten.

Mädels, es ist Zeit, sich zu rüsten und für einen Glauben mit Geschmack und in Farbe zu kämpfen, den Gott für uns vorgesehen hat.

Also wach auf! Bring Farbe und Leben in deinen langweiligen Glauben!

Wie können wir aufwachen und kämpfen? Lies mal diesen Vers:

> Legt die komplette Waffenrüstung Gottes an, damit ihr allen hinterhältigen Angriffen des Teufels widerstehen könnt. Denn wir kämpfen nicht gegen Menschen aus Fleisch und Blut, sondern gegen die bösen Mächte und Gewalten der unsichtbaren Welt, gegen jene Mächte der Finsternis, die diese Welt beherrschen, und gegen die bösen Geister in der Himmelswelt.
>
> *Epheser 6,11-12*

Möchtest du wissen, wie Gottes Waffenrüstung aussieht? Anhand dieser Liste aus Epheser 6 kannst du dich rüsten!

* Wahrheit ist dein Gürtel.
* Gerechtigkeit ist dein Panzer.
* Deine Füße sollen für die Botschaft des Friedens eintreten.
* Glaube ist dein Schutzschild.
* Deine Rettung durch Jesus ist dein Helm.
* Das Wort Gottes ist dein Schwert.

Wie bekämpft man das Böse am besten? Indem man sich mit Gottes Wort befasst. Die Bibel ist dein Schwert und dein Gürtel, die dich schützen. Wenn du dich entscheidest, Jesus nachzufolgen, dann wird diese Gerechtigkeit dein Herz schützen. Bitte Gott um mehr Glauben. Dieser Glaube wird dich vor Zweifeln schützen. Und vertraue auf deine Rettung durch Jesus. Dieses Vertrauen wird alle Unsicherheit bekämpfen. Am Ende dieser Verse aus dem Epheserbrief ermahnt Paulus uns zu beten und nochmals zu beten. Gebet ist die wirksamste Waffe im Kampf gegen den Feind.

Kämpfen ist alles andere als langweilig

Ich weiß nicht, wie es bei dir aussieht, aber ich für meinen Teil finde kämpfen nicht langweilig. Ein Kampf ist voller Spannung und Dramatik, voller Tränen und Emotionen. Wenn wir Gott bitten, unsere Herzen für das zu öffnen, was jenseits unserer Sinne liegt, und wenn wir ihn bitten, uns einen Einblick in den Bereich der unsichtbaren Welt zu gewähren, dann werden wir Teil dieses aufregenden Kampfes. Keine Sorge, du musst keine stickige Rüstung tragen und ein Schwert zur Hand nehmen, aber du wirst erfahren, wie *echt* diese unsichtbare Welt ist. Nichts kann mehr

Schwung in einen langweiligen Glauben bringen, als die unsichtbare Welt zu erleben!

 ## Sarah

Als Sarah 20 Jahre alt war, fuhr sie zu einem Missionseinsatz von JMEM (Jugend mit einer Mission). Sie reiste mit einer JMEM-Gruppe nach Kambodscha, um die Gute Nachricht von Jesus weiterzugeben. Sie hatte keine Ahnung gehabt, dass ihr Glaube kurz davorstand, mit Gottes unsichtbarer Realität auf eine Art und Weise konfrontiert zu werden, die sie für immer verändern würde.

Sarah hatte immer geglaubt, dass die Wunder der Bibel wahr seien. Aber sie bezweifelte, dass Gott auch heute noch Wunder vollbringt.

Bis sie Tim traf.

Sie traf ihn in einem Heim für Behinderte. Er war 13 Jahre alt und nicht in der Lage, mehr als drei Sekunden zu stehen, bevor seine Beine zu zittern begannen. Er litt an einer Krankheit namens Knochentuberkulose. Aber was ihm an Muskelstärke fehlte, machte er wett durch seine aufgeweckte Persönlichkeit und sein strahlendes Lächeln, das Sarahs Herz warm werden ließ. Sie saß mit Tim zusammen und spielte mit ihm. Am Ende des Tages baten Sarah und ihre Freundinnen Gott, Tim zu heilen, und legten ihm dazu die Hände auf. Sarah weiß noch genau, wie sie dachte: *Ich brauche einfach den Glauben eines Senfkorns, dann wird dieser Junge geheilt.* Während des Gebets passierte kein sichtbares Wunder. Als sie sich von Tim verabschiedeten, war ihnen nicht bewusst, dass Gott schon handelte.

Am nächsten Tag traf Sarah einen Amerikaner, der ehrenamtlich in Tims Heim arbeitete. Seine Augen begannen zu leuchten, als er Sarah sah. Atemlos rief er: »Du wirst es nicht glauben, doch

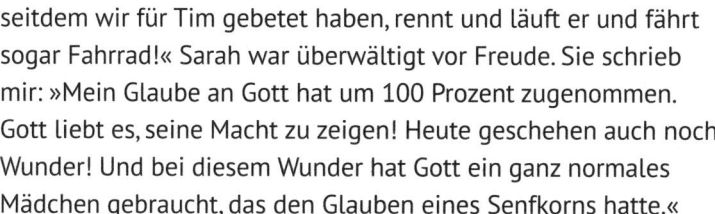

seitdem wir für Tim gebetet haben, rennt und läuft er und fährt sogar Fahrrad!« Sarah war überwältigt vor Freude. Sie schrieb mir: »Mein Glaube an Gott hat um 100 Prozent zugenommen. Gott liebt es, seine Macht zu zeigen! Heute geschehen auch noch Wunder! Und bei diesem Wunder hat Gott ein ganz normales Mädchen gebraucht, das den Glauben eines Senfkorns hatte.« Das Wunder hat Sarahs Glauben beflügelt. Sie erlebte Gott auf eine Weise, die ihr die Sprache verschlug und die sie umhaute. Gott hatte sie gebraucht, um Tim zu heilen, und jetzt sehnt sie sich danach, immer mehr von Gottes Kraft und Möglichkeiten in ihrem Leben zu erfahren.

Wir empfinden deshalb keine Sehnsucht nach Gott, weil wir ihn selten bitten, mehr als nur das Sichtbare in unserer Welt erleben zu dürfen. Wir haben ihn bisher nicht gebeten, uns seine grenzenlose Macht zu zeigen. Deshalb fang an, ihn darum zu bitten! Bitte Gott, dir mehr von ihm zu zeigen – in der Mathestunde, am Küchentisch und während du im Bett liegst.

Sarah erhielt einen Geschmack von der Realität Gottes und der Realität der unsichtbaren Dimension – Gott hatte ihr Gebet erhört und Tim geheilt. Sarah war auf den Kampf aufmerksam geworden, der um Tims Herz geführt wird, und das hat ihr eigenes Herz bewegt. Es hat sie dazu gebracht, mehr zu kämpfen, mehr nach Gott zu suchen und über das Sichtbare hinauszublicken.

Warum also wird uns mit Gott langweilig? Weil der Feind uns davon abhalten möchte, Gottes unsichtbare Realität wirklich zu erfahren. Satan weiß: Wenn wir Gottes unsichtbare Welt erleben, dann werden wir nie wieder dieselben sein – etwa so wie Sarah.

Vertiefende Gedanken

Hast du schon mal einen ganz besonderen Moment mit Gott erlebt – eine Zeit, in der du den Eindruck hattest, Gottes unsichtbare Realität zu spüren? Wenn ja, dann beschreibe diesen Moment. Falls nein, dann überlege, warum du so etwas noch nicht erlebt hast.

_____

_____

_____

_____

_____

Um Gott in unserem Alltag zu erleben, müssen wir den Heiligen Geist kennen. Die Worte _Heiliger Geist_ lösen bei dir vielleicht Unbehagen oder Verwirrung aus. Aber er ist wirklich real, und wenn du nicht mehr über ihn erfährst und nicht verstehst, wie er in deinem Leben wirkt, wirst du nie aus dem Langeweile-Sumpf herauskommen. Also, lass uns etwas über ihn nachdenken.

Wenn du dich entschieden hast, an Jesus zu glauben und ihm nachzufolgen, dann wohnt der Heilige Geist in dir. Jesus sagt: »Ich werde den Vater bitten, und er wird euch einen anderen Ratgeber geben, der euch nie verlassen wird« (Johannes 14,16).

Francis Chan schreibt: »Das an dieser Stelle für _einen anderen_ gebrauchte griechische Wort bedeutet, dass einer kommen wird, der genauso ist wie der Erste.«[10] Das bedeutet, dass der Heilige Geist Jesus ist. Jesus ist der Geist. Du hast den Schöpfer des Universums in dir!

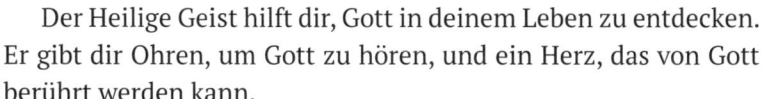

Der Heilige Geist hilft dir, Gott in deinem Leben zu entdecken. Er gibt dir Ohren, um Gott zu hören, und ein Herz, das von Gott berührt werden kann. Lies die folgenden Verse und finde etwas von dem heraus, was der Heilige Geist *durch* dich und *in* dir tun kann. Und schreibe dann auf, wie diese Verse vielleicht deinen langweiligen Glauben aufrütteln können.

Der Heilige Geist ermutigt und stärkt dich. »In der nun folgenden Zeit lebte die Gemeinde in ganz Judäa, Galiläa und Samarien in Frieden. Die Gläubigen wurden gestärkt durch die Hingabe zu Gott und die Gemeinde vergrößerte sich durch das Wirken des Heiligen Geistes« (Apostelgeschichte 9,31).

_____

_____

_____

_____

_____

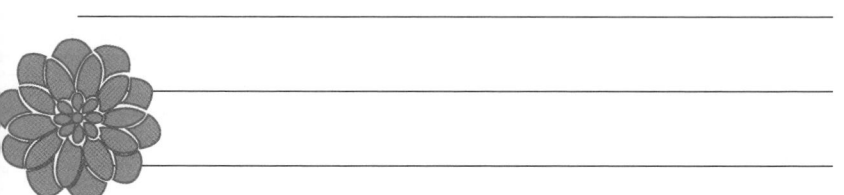

Der Heilige Geist zeigt dir, wenn du etwas falsch gemacht hast. »Wenn er kommt, wird er gegen die Welt auftreten. Er wird den Menschen zeigen, was Sünde ist und was Gerechtigkeit und was Gericht« (Johannes 16,8; GNB).

_____

_____

_____

_____

_____

Der Heilige Geist führt dich. »Alle, die sich vom Geist Gottes führen lassen, die sind Gottes Söhne und Töchter« (Römer 8,14; GNB).

_____

_____

_____

_____

Der Heilige Geist lässt Gutes in deinem Leben wachsen. »Der Geist Gottes dagegen lässt als Frucht eine Fülle von Gutem wachsen, nämlich: Liebe, Freude und Frieden, Geduld, Freundlichkeit und Güte, Treue, Bescheidenheit und Selbstbeherrschung« (Galater 5, 22-23; GNB).

_____

_____

_____

_____

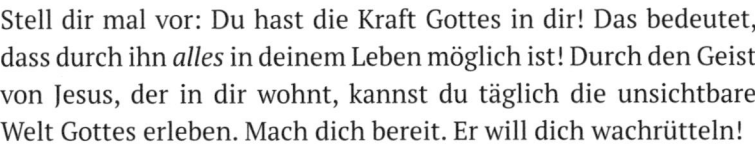

Stell dir mal vor: Du hast die Kraft Gottes in dir! Das bedeutet, dass durch ihn *alles* in deinem Leben möglich ist! Durch den Geist von Jesus, der in dir wohnt, kannst du täglich die unsichtbare Welt Gottes erleben. Mach dich bereit. Er will dich wachrütteln!

Wann hast du das letzte Mal erlebt, dass der Heilige Geist dich dazu gebracht hat, etwas zu tun? Hast du auf diese leise Stimme gehört?

_____

_____

_____

_____

_____

Es ist leicht, den Geist in unserem Leben zu verdrängen. Genauso wie dein Kontakt zu einer Freundin nach ihrem Umzug in eine andere Stadt abbrechen kann, so können wir auch den Kontakt zu Gott verlieren. Wir sind nicht mehr sensibel für seine Stimme (den Heiligen Geist) – wir nehmen diese Stimme in uns immer weniger wahr. Wenn wir ein Leben führen, das dem von Jesus gar nicht ähnelt, wenn wir uns zu sehr von den materiellen Dingen gefangen nehmen lassen, dann kann das den Geist immer mehr zum Schweigen bringen und unser Glaube wird immer oberflächlicher.

Hast du den Eindruck, dass der Heilige Geist dich in deinem Leben führt? Falls nicht, was (oder wer) in deinem Leben hält den Heiligen Geist davon ab, besser zu dir durchzudringen? Und was kannst du tun, um Gott und seine grenzenlose Kraft mehr in deinem Leben zu spüren?

_____

_____

_____

_____

_____

Vom Heiligen Geist geführt zu werden bedeutet, von Jesus geführt zu werden. Wir leben dann ein Leben, das ihn ehrt. Wir verbringen Zeit mit ihm – wir reden mit ihm und lesen in der Bibel. Wenn wir seine Stimme hören, dann wagen wir einen neuen Schritt und folgen der Stimme. Um nach der Führung des Heiligen Geistes zu leben, bedarf es Zeit und Übung. Je mehr wir üben, desto mehr erfahren wir über Gottes unsichtbare Realität. Sie war schon immer da. Jetzt ist es Zeit, sie zu erleben.

Lass uns zusammen beten.

Gott, bitte hilf mir, dich in meinem Leben zu entdecken. Schenke mir Ohren, um dich zu hören. Nimm du alles weg, das mein Herz davon abhält zu erfahren, wie real du bist. Ich vertraue dir. Amen.

Zusammenfassung

Warum wird uns mit Gott langweilig?

Wir leben in einer Welt, die sich ständig um unsere fünf Sinne dreht und uns blind für die Welt jenseits dessen macht, was wir sehen, hören, schmecken, riechen oder anfassen können. Wir haben einen Feind, der uns nicht erkennen lassen will, wie wunderbar unser Gott ist. Satan will uns in einen »geistlichen Tiefschlaf« versetzen, sodass wir nicht aktiv werden und nicht für den aufregenden Glauben kämpfen, den Gott für uns vorgesehen hat.

Wenn wir die Gründe für unsere Langeweile kennen, wie können wir uns dann mit Gott »entlangweilen«?

Indem wir Gott bitten, uns zu helfen, nicht nur das Sichtbare in unserer Welt wahrzunehmen. Indem wir kämpfen und dazu die geistlichen Waffen benutzen, von denen Paulus in Epheser 6 spricht. Und indem wir Zeit mit Gott beim Bibellesen und Beten verbringen und ihn bitten, alles wegzunehmen, das uns davon abhält, ihn zu erkennen.

Kapitel 4

Der Made-in-China-Gott

Mich selbst stylen

Ich würde nicht sagen, dass ich sie gequält habe. Vielleicht ein bisschen geärgert. Aber »quälen« wäre ein zu hartes Wort. Sara, meine kleine Schwester, war immer mein Versuchskaninchen, *mein* Experiment.

Wenn ich Experiment sage, meine ich nicht, dass ich sie mit Klebeband an die Motorhaube unseres Barbie-Elektroautos geklebt hätte und mit ihr durch den Wald gefahren wäre. (Komm nicht auf solche Ideen.)

Nein, Sara war eher wie mein Model, meine Muse, meine Anziehpuppe. Ich habe Sara gern tolle Klamotten angezogen, ihr Haar gestylt und sie geschminkt. Natürlich war ich auch mein eigenes Model.

Ich bin neulich auf einige ziemlich peinliche Videos gestoßen, die meine Freundinnen und ich während unserer Teeniezeit selbst gedreht haben. Wir haben uns mit der Schminke unserer Mütter zugeschmiert und uns für unser neuestes »Musikvideo«, unser »Bikini-Strand-Shooting« oder unsere »Modenschau« gestylt. (Bitte sag mir, dass ich nicht die *Einzige* bin, die das getan hat!)

Viele Mädchen – wie ich und vielleicht du – haben die Haare ihrer Puppen geflochten, ihre Barbies (oder jüngeren Schwestern) hübsch angezogen und ihre Gesichter mit knallrotem Lippenstift oder türkisfarbenem Lidschatten angemalt.

Es ist unglaublich, was Mädchen alles auf sich nehmen und an Geld ausgeben, um sich zu stylen. Willst du wissen, wie viel Frauen für Schönheit ausgeben?

> Trotz der Finanzkrise in Europa geben Deutsche 12,6 Milliarden Euro für Körperpflegemittel aus, davon 1,35 Milliarden Euro allein für »dekorative Kosmetik«![11] Und das beinhaltet keine Besuche beim Schönheitssalon, keine Maniküre oder Pediküre.

Wenn du früher eher ein jungenhafter Wildfang warst, dann bin ich erstens neidisch, weil du nicht so peinliche Videos wie ich zu Hause hast, und zweitens verspreche ich dir, dass ich mich gleich auch dir zuwende.

Das Wort *stylen* kann mehr Dinge als nur Musikvideos, äußere Verschönerungen und Puppen betreffen. Wir haben das Bedürfnis, unser Leben zu *stylen*. Wir *gestalten* unsere Zukunft. Wir *planen* unser Leben. Wir *modellieren* unser Ansehen und *basteln* an unseren Karrieren. Um mich damals glamourös zu fühlen, schminkte ich mein Gesicht; genauso glamourös und bilderbuchhaft erträumte ich mir mein späteres Leben. Ich malte mir im Kopf aus, wie mein perfekter Ehemann aussehen würde und stellte mir mein Traumhaus in allen Details vor. (Falls es dich interessiert: Es war ein weiß gestrichenes Haus mit roten Fensterläden, Lattenzaun und einer Veranda rundherum. Oh! Beinahe hätte ich die große Eiche mit der Schaukel vergessen. Okay, ich höre schon auf.) Siehst du? Ich neige dazu, das Leben, das noch vor mir liegt, zu gestalten.

Lange vor dem Abschlussball an der Highschool träumte ich davon, wie sich an dem Tag alles genau abspielen würde. Die ganze zwölfte Klasse über stellte ich mir in meiner Fantasie vor, wie ich beim Abschlussball in wunderschönen High Heels über die Bühne laufen würde. Ich glaube, in meinem Kopf hatte ich immer eine Liste parat, was ich im Leben tun wollte, was passieren würde und wie alles sein würde. Stellst du dir das auch manchmal vor? »Stylst« du dir auch dein Leben?

Was von deiner Zukunft hast du dir schon alles im Kopf ausgemalt? Über dich selbst oder auch nur über den morgigen Tag, über deinen Ruf, deinen Traummann, deine Uni oder deinen Ausbildungsbetrieb? Gestaltest du in deiner Fantasie auch manchmal dein Leben völlig um?

_____

_____

_____

_____

_____

Gott stylen

Weißt du, wen ich mir ebenso im Kopf ausmale und zurechtbiege? Gott.

Manchmal bemerke ich, wie ich ihn mir so zusammenpinsele, wie ich ihn gerade zu einer bestimmten Zeit brauche. Ich neige dazu, mir auszumalen, wie Gott aussieht, wie er handelt, was er gerade tut ... alles in meinem eigenen kleinen Kopf.

Gott, der Superheld

Als ich klein war, hatte ich eine Vorstellung von Gott, die dem Bild von Jesus, den ich in meinen Malbüchern während des Kindergottesdienstes ausmalte, sehr ähnelte. Er hatte natürlich blaue Augen, dunkle Haare und ein Lächeln voller strahlend weißer Zähne. Wir sangen früher ein Lied im Kindergottesdienst, das etwa so ging:»Mein Gott ist so groß, so stark und so mächtig, unmöglich ist nichts meinem Gott!« *Klatsch, klatsch.* (Das Klatschen mochte ich am meisten.) Wegen dieses Liedes glaubte ich, dass es nichts gab, was Gott nicht tun konnte! Er hatte große Muskeln und konnte jeden Moment auftauchen und meine Probleme lösen. Ich glaubte, dass er meine Gebete hörte und sich um mich kümmerte. Er war mein persönlicher Superheld! Es war wunderbar! Aber das hielt nur eine Weile an, denn dann kam ich in die Mittelstufe.

> Ich neige dazu, mir auszumalen, wie Gott aussieht, wie er handelt, was er gerade tut ... alles in meinem eigenen kleinen Kopf.

Gott, der Kumpel

Von der fünften bis zur achten Klasse war Gott weniger mein Superheld, sondern mehr mein Kumpel. Die Show drehte sich mehr um mich als um Gott. Statt Star war er nun Nebendarsteller, statt Pilot Kopilot. Das Leben in der Mittelstufe drehte sich nur um *meine* Probleme, *meine* Freunde, *meinen* Beliebtheitsstatus, *meine* Klamotten. Und wenn ich Gott irgendwo mit in die»Jenna-Show« packen konnte, dann war er immer treu. Doch weil sich das Leben nur um mich drehte, begann Gott seine Macht als Held zu verlieren. Er war nicht mehr so wichtig für mich. Ich wusste, dass er mich liebte, aber was brachte das? Meine Eltern und Schwestern liebten mich doch auch. Weißt du, was wirklich *richtig* wichtig für mich war? Wenn mein Schwarm ebenso für mich schwärmte. *Das war echt cool.* Ich glaube, in meiner Vorstellung war Gott für mich Robin und ich war Batman. Ich konnte mein Leben allein führen, und wann immer ich ihn brauchte, konnte ich ihn eben bitten, mal wieder aufzutauchen. Und dann schlug die Highschool zu.

Gott, die Müslipackung

Während der Highschool lernte ich mehr Dinge und Leute kennen. Es gab immer mehr Möglichkeiten. Mehr Gelegenheiten für Freundschaften, mehr Gelegenheiten für Wochenendaktivitäten, auch mehr Glaubensoptionen.

Stell es dir mal so vor: Hast du schon mal die verschiedenen Müsli- und Cornflakes-Sorten in eurem Supermarkt gezählt? Falls nicht, dann versuch es mal. Das ist heute deine Hausaufgabe. Ob du mir glaubst oder nicht: Ich hab mir mal die Zeit genommen und die ganzen Müsli- und Cornflakes-Sorten in meinem Supermarkt gezählt. Ich weiß, es macht nicht besonders Eindruck, dass ich das wirklich getan habe, aber du wirst vielleicht überrascht sein zu hören, das es mehr als dreihundert verschiedene Sorten von Zerealien in den Regalen meines Supermarktes gibt. *Dreihundert!* Das ist mal eine Auswahl!

Aber jetzt komme ich zu dem Punkt, um den es eigentlich geht und warum ich es in Kauf genommen habe, mich im Supermarkt lächerlich zu machen: Gott war für mich in der Highschool nur eine weitere Option. Er war etwas, das ich einen Tag glauben und am nächsten Tag doch anzweifeln konnte. Er war sicher eine starke Option während der Zeiten, die ich auf Ferienlagern der Gemeinde oder auf tollen christlichen Freizeiten verbrachte. Von diesen Zeiten kam ich voller Feuereifer für den Glauben zurück. Doch was passierte dann? Ein paar Tage später nahm eine andere

Möglichkeit den ersten Platz ein. Bei all diesen vielen Menschen, Orten und netten Aktivitäten, die zur Auswahl standen, betrachtete ich Gott schnell wie eine Müslipackung. »Hmm ... vielleicht verbringe ich heute Zeit mit Gott, aber dann ist da doch auch noch das Turnier meiner Freundin und die Geburtstagsparty für Stefan, und meine Lieblingsserie kommt gleich. Ich weiß nicht, Gott, aber ich glaube, mit uns wird das heute nichts. Tut mir leid.«

Wenn du jetzt mal ehrlich mit dir selbst bist, wer ist Gott im Moment für dich? Ist er dein bester Freund, ein Fremder oder existiert er nicht? Vielleicht ist er eine Art Flaschengeist, mit dem du nur dann redest, wenn du *wirklich* eine Gebetserhörung brauchst. Vielleicht ist er ein alter Zauberer mit einem langen weißen Bart, der ein Auge auf dich hat, während er sich auf einem Wolkensofa zurücklehnt. Vielleicht ist er der Vater, den du nie hattest. Vielleicht ist er ein voreingenommener Typ, der schonungslos auf deinen Fehlern rumhackt?

Wer ist Gott für dich? Wie hast du ihn dir im Kopf zurechtgebogen?

Gott begrenzen

Ich habe mein halbes Leben damit zugebracht, Gott auf das zu reduzieren, was gerade in meinen Kopf passte. Aber ich glaube nicht, dass es nur mir so geht. Wir leben in einer Konsumgesellschaft und bekommen, was wir wollen. Anstatt also Gott Gott sein zu lassen, statt sich damit zufriedenzugeben, dass er unergründlich und unvorstellbar ist, habe ich ihn so maßgeschneidert, dass er in mein Leben passt. Ich habe ihn erfassbar und vorstellbar gemacht. Statt ihn zu bitten, mir zu zeigen, wer er ist, sage *ich* ihm, wer er ist.

Möchtest du den Hauptgrund wissen, warum ich mit Langeweile im Glauben zu kämpfen hatte?

Weil ich zu einem Gott betete, den ich mir selbst geschaffen hatte, einen, den ich mir so zurechtgeschneidert hatte, wie ich ihn gerade brauchte. Ein Gott, den ich kontrollieren kann? Das ist überhaupt nicht Gott!

Ich hatte bestimmte Vorstellungen, wer er sein sollte. Ich erwartete, dass er meine Gebete so beantwortete, wie ich es mir wünschte. Ich wollte, dass er das Leben für mich einfach machte. Ich erwartete, dass er mir dabei half, jederzeit seine Gegenwart zu spüren. Ich wollte, dass er alle meine Familienmitglieder und Freunde davor bewahrte, zu sterben, dass er mir lauter Einsen in meinen Arbeiten gab und einen grünen Pfeil in die Wolken hängte, der auf die Uni zeigte, an der ich studieren sollte, auf den Job, den ich ergreifen sollte. Ich glaubte an einen Gott, den ich geschaffen hatte. Und wenn wir das tun, dann fangen wir *natürlich* an, uns mit Gott zu langweilen!

Wer will schon einen Gott anbeten, der unseren winzigen menschlichen Gehirnen entspringt? Doch genau das habe ich getan. Ich habe meinen eigenen persönlichen »Made-in-Jenna-Gott« geschaffen. Das ist also eine weitere Antwort auf die Frage: »Warum wird uns mit Gott langweilig?«

A.W. Tozer sagte einmal: »Bei einem Menschen [ist] nicht das, was er in einem bestimmten Moment sagt oder tut, das Bedeutsamste, sondern seine Auffassung von Gott.«[12] *Warum* sagt das so viel über uns selbst aus? Nun, falls die ersten Bilder von Gott, die uns in den Sinn kommen, auf unseren eigenen Überlegungen basieren und nicht unbedingt damit übereinstimmen, wie Gott in der Bibel beschrieben wird, dann beten wir nicht den wahren Gott an.

Ich glaube, Gott möchte, dass wir Folgendes wissen: Wenn wir uns mit ihm langweilen, dann langweilen wir uns nicht mit dem wahren Gott, sondern mit einer Idee von Gott – einer Idee, die andere Menschen oder eine Religion geschaffen haben oder die unseren eigenen Köpfen entsprungen ist. Wir fangen an, uns mit Gott zu langweilen, wenn wir uns auf unsere eigenen Vorstellungen verlassen. Doch es wird uns die Schuhe ausziehen, wenn wir erkennen, wie Gott wirklich ist.

> Wir fangen an, uns mit Gott zu langweilen, wenn wir uns auf unsere eigenen Vorstellungen verlassen. Doch es wird uns die Schuhe ausziehen, wenn wir erkennen, wie Gott wirklich ist.

Lass uns mal innehalten und Gott darum bitten, uns mit diesem »Styling-Problem« zu helfen. Hast du den Eindruck, dass du dir deinen eigenen kleinen Gott geschaffen hast? Wie schränkst du Gott vielleicht durch deine Vorstellungen über ihn ein?

Vertiefende Gedanken

Als Gott in Jesus auf die Erde kam, war er gar nicht so, wie die Leute ihn sich vorgestellt hatten. Jesus passte nicht zu der majestätischen Ausgabe Gottes, die sich die Menschen ausmalten. Was? Keine Krone?
Kein Reichtum?
Kein Ruhm?
Keine Flammen, die aus seinem Mund lodern, und keine Lichtblitze, die aus seinen Zehen schießen?
Nein. Nein. Nein und nochmals nein.
Die folgenden Verse beschreiben, wie Jesus wirklich war:

Und daran könnt ihr ihn erkennen: Ihr werdet ein Kind finden, das in Windeln gewickelt in einer Futterkrippe liegt!

Lukas 2,12

Er wuchs vor ihm auf wie ein Spross; er entsprang wie eine Wurzel aus trockenem, unfruchtbarem Land. Sein Äußeres war weder schön noch majestätisch, er hatte nichts Gewinnendes, das uns gefallen hätte. Er wurde verachtet und von den Menschen abgelehnt – ein Mann der Schmerzen, mit Krankheit vertraut, jemand, vor dem man sein Gesicht verbirgt. Er war verachtet und bedeutete uns nichts.

Jesaja 53,2-3

Am selben Abend lud Matthäus Jesus und seine Jünger zum Abendessen ein. Einige andere Steuereintreiber und viele stadtbekannte Sünder waren ebenfalls eingeladen.

Matthäus 9,10

Jesus – der menschgewordene Gott – wurde in einem Stall für Tiere geboren, stammte aus einer armen Tischlerfamilie, sah gewöhnlich aus, wurde von vielen verachtet und gab sich mit allen möglichen Außenseitern ab: Zöllnern, Prostituierten und anderen »Sündern«.

Glaubst du, dass die Menschen dachten, so würde Gott sein, wenn er mal zur Erde käme?

Auf welche Art und Weise entsprach Jesus deiner Ansicht nach nicht den Vorstellungen (oder »Styling-Gewohnheiten«) der Menschen?

_____

_____

_____

_____

_____

Von Anfang an hat Gott sein Volk durch sein Mitgefühl, seine Worte, seine Wunder und seine Demut überrascht. Er ist kein Gott, der sich durch Menschen stylen oder formen lässt. Ganz und gar nicht. *Er* hat *uns* gestylt und geformt.

Sieh dir diese Verse über die Menschen an, die von Jesus erstaunt und überrascht waren. Umkreise die Reaktionen der Menschen auf Jesus.

Die Jünger saßen voller Ehrfurcht und Bewunderung da und fragten sich:»Wer ist dieser Mann? Sogar Wind und Wellen gehorchen ihm!«

Matthäus 8,27

Jesus trieb den Dämon aus, und sofort konnte der Mann wieder sprechen. Die Menschen waren voller Bewunderung für Jesus. »So etwas ist in Israel noch niemals geschehen!«, riefen sie.

Matthäus 9,33

Er kehrte in seine Heimatstadt Nazareth zurück.

Als er dort in der Synagoge lehrte, staunten die Menschen und fragten:»Woher hat er diese Weisheit und weshalb kann er solche Wunder tun?«

Matthäus 13,54

Wir *müssen* Zeit mit der Bibel verbringen, um Gottes Herz zu verstehen. Sobald wir das tun, werden wir genauso in Staunen versetzt wie die Menschen, von denen du gerade gelesen hast. Hier ist eine kleine Starthilfe: Einer meiner Lieblingsverse beschreibt, wie ungewöhnlich, überwältigend und atemberaubend unser Schöpfer in Wahrheit ist. Lies die folgenden Sätze ganz bewusst und bitte Gott, dass die Worte tief in dein Herz dringen.

Wie wunderbar ist doch Gott! Wie unermesslich sind seine Reichtümer, wie tief seine Weisheit und seine Erkenntnis! Unmöglich ist es uns, seine Entscheidungen und Wege zu begreifen! Denn wer kann wissen, was der Herr denkt? Wer kann sein Ratgeber sein? Und wer hat Gott jemals so viel gegeben, dass Gott ihm etwas zurückerstatten müsste? Denn alles kommt von ihm; alles besteht durch seine Macht und ist zu seiner Herrlichkeit bestimmt. Ihm gehört die Ehre in Ewigkeit! Amen.

Römer 11,33-36

Lass uns jetzt noch mit Gott über unser »Styling-Problem« sprechen.

Gott, ich möchte wissen, wer du wirklich bist. Ich möchte an den einen wahren Gott glauben. Den Gott, der das Rote Meer teilte, die Kranken mit einer einzigen Berührung heilte und die Toten mit einem einzigen Wort auferweckte. Vergib mir, wenn ich versucht habe, deine Unbegrenztheit zu begrenzen. Gib mir ein tieferes Verständnis und eine ganz neue Bewunderung für dich. Amen.

 ## Zusammenfassung

Warum wird uns mit Gott langweilig?

Wir neigen dazu, einen Gott zu verehren, den wir in unseren eigenen begrenzten Köpfen geschaffen haben. Wenn wir einen begrenzten Gott verehren, dann ist auch unser Glaube begrenzt.

Wenn wir die Gründe für unsere Langeweile kennen, wie können wir uns dann mit Gott »entlangweilen«?

Wir müssen uns zunächst darüber klar werden, wie wir Gott sehen oder ihn uns vorstellen, und dann müssen wir unsere Vorstellung mit der Bibel in Einklang bringen. Um wirklich zu verstehen, wer Gott ist, müssen wir täglich unsere Bibel aufschlagen! Und wir können Gott immer darum bitten, dass er unsere Herzen öffnet, damit wir verstehen, wie unfassbar er ist. Er kann uns einige ziemlich lebensverändernde Erkenntnisse schenken.

Kapitel 5

Bequemer Kuschel-Glaube

Zu real

Mitte des 20. Jahrhunderts verbrachte Richard Wurmbrand aufgrund seines Glaubens an Jesus Christus 14 Jahre im Gefängnis. Er hatte eine Untergrundkirche in Rumänien gegründet, eine kleine Gemeinde, die sich in Hauskellern, im Wald oder an anderen geheimen Orten traf. Es war eine Zeit, als in dem Land der Kommunismus herrschte und Christen verfolgt wurden. In seinem Buch *Tortured for Christ (Gefoltert für Christus)* erzählt Wurmbrandt von den furchtbaren Ereignissen, die er im Gefängnis miterlebte oder gar persönlich erlitt: Fingernägel, die rausgerissen wurden; Zellen voller verhungernder Ratten *und* Menschen; Schläge; stundenlanges Stehen in einer Kiste mit aufgerichteten, spitzen Nägeln, die durch die Haut stachen, sobald ein Muskel zuckte.[13]

Nachdem ich ein paar Kapitel gelesen hatte, legte ich das Buch zur Seite und stellte schnell den Fernseher an. Ich wollte nicht mehr weiter darüber nachdenken. Ich kämpfte gegen Gottes Stimme an, die mich drängte, in Gedanken wieder an diesen Ort zu gehen – an einen Ort, der wirklich existierte; an einen Ort, wo das Böse dem Guten ins Gesicht lachte; an einen Ort, wo jungen Mädchen die Unschuld und jungen Männern die Würde geraubt wurde; an einen Ort, der für mich in meiner Welt der Bequemlichkeit und Freiheit keinen Sinn ergab. Das war einfach *zu real*!

Ich wollte mich am liebsten mit Musik zudröhnen, zum Shop-

pen ins Einkaufszentrum fahren, eine Freundin anrufen ... alles – nur nicht in Gedanken an diesen dunklen Ort gehen und die Schrecken empfinden, die diese gefolterten Christen durchleiden mussten. Ich wollte vor Gottes Stimme davonlaufen. Ich weiß nicht, ob du je versucht hast, das zu tun. Das ist ziemlich schwierig – mehr als schwierig. Es ist unmöglich (frag mal Jona, den Propheten aus der Bibel!). Egal, wie laut ich den Fernseher stellte, Gottes Stimme war noch lauter. So gab ich schließlich nach und hörte zu. Ich ging in Gedanken *zurück an diesen Ort*.

Ich brauchte eine Weile, aber ich nahm das Buch wieder in die Hand und las die Geschichten. Geschichten von früher und auch von heute – denn auf der ganzen Welt werden Menschen ausgegrenzt, geschlagen oder sterben für ihren Glauben an Jesus. »Man sagt, heute würde es mehr christliche Märtyrer geben als im Jahr 100 n. Chr. – zur Zeit des Römischen Reiches«, als die Christen noch ins Kolosseum geworfen und von den Löwen gefressen wurden.[14] Es hat mich sehr fertiggemacht zu erfahren, dass es heutzutage noch eine solche Christenverfolgung gibt. Ich habe geweint und dann mit Gott geredet:

Gott, ich fasse das nicht! Diese Menschen haben ihr Leben für dich gegeben. Du warst alles für sie. Und hier stehe ich mit einem leblosen Glauben. Sie haben etwas, das ich nicht habe.

Eine Geschichte beeindruckte mich am meisten. Ich möchte sie dir erzählen, aber nur unter einer Bedingung: dass du in Gedanken an diesen Ort gehst. Stell nicht den Fernseher an wie ich. Denk einfach an die Verfolgten und bete für die Menschen auf der ganzen Welt, die in *diesem* Moment für die Hoffnung leiden, die das Böse hasst. Das passiert wirklich genau *jetzt*. Christen in Indien, China, der Türkei, Nordkorea – die Liste könnte ich noch fortsetzen – opfern ihre Bequemlichkeit, ihre Familie, ihr Vermögen, ihre Freiheit und sogar ihr eigenes Leben für ihren Glauben.

Eine Gefangene in Weiß

»Eine unserer Mitarbeiterinnen in der Untergrundkirche war ein junges Mädchen. Die kommunistische Polizei entdeckte, dass sie heimlich das Evangelium weitergab und Kindern von Jesus erzählte. Sie entschieden, sie festzunehmen. Um die Verhaftung so quälend und schmerzhaft wie möglich zu machen, zögerten sie sie etwas heraus – bis zu dem Tag, an dem das Mädchen heiraten wollte! An ihrem Hochzeitstag war das Mädchen ganz in Weiß gekleidet – der wunderbarste, freudigste Tag im Leben einer jungen Frau! Plötzlich wurde die Tür aufgerissen und die Geheimpolizei stürmte herein.

Als die Braut sie sah, streckte sie ihre Arme für die Handschellen aus. Grob legte man ihr die Metallfesseln an. Sie blickte auf ihren Verlobten, küsste dann die Ketten und sagte: ›Ich danke meinem himmlischen Bräutigam für diesen Schmuck, den er mir an meinem Hochzeitstag gibt. Ich danke ihm, dass ich es wert bin, für ihn zu leiden.‹ Dann wurde sie weggebracht, und ein weinender Bräutigam und weinende Christen blieben zurück. Sie wussten, was mit jungen Christinnen passiert, die in die Hände der kommunistischen Wächter geraten.«

»Das war das Mindeste, was ich für Christus tun konnte.«

Die Braut sah ihren Bräutigam erst fünf Jahre später wieder. Fünf Jahre! Stell dir das mal vor! Wie alt warst du vor fünf Jahren? Das ist eine so lange Zeit. Die Braut wird so viele Schmerzen erlitten haben. Aber ihr Bräutigam wartete auf sie. Als sie zurückkam, sah sie wie eine alte Frau aus, gebrochen und missbraucht, aber sie sagte etwas, dass mich neu über meine bequeme, komfortable christliche Welt nachdenken ließ:

»Das war das Mindeste, was ich für Christus tun konnte.«[15]

Geht es dir jetzt wie mir?

»Das Mindeste, was ich tun konnte!« *Was?!* Die junge Frau hatte fünf Jahre im Gefängnis verbracht! Sie war an ihrem Hochzeitstag festgenommen worden – an dem Tag, von dem jedes junge Mädchen träumt. Fünf Jahre in der Gewalt von Männern, die sie vergewaltigten, schlugen und verspotteten. Und sie sagt, das sei das Mindeste, was sie tun konnte? Hab ich etwas verpasst? Wie konnte sie so entschieden für Jesus leiden? Was hatte sie für einen Glauben, dass sie Gott pries, während sie in Handschellen an einen so dunklen Ort geführt wurde? Was hatte sie in ihrer Beziehung mit Gott, das ich nicht habe?

Leidenschaft.

Die emotionale Kraft des christlichen Glaubens erwächst daraus, dass Christen bewusst auf ihre eigenen Rechte verzichten, um Sklaven Jesu Christi zu werden.[16]

Oswald Chambers

Wenn Menschen eine Leidenschaft für Jesus haben, dann ist ihr Leben völlig von ihm eingenommen. Man denkt über Jesus nach, redet über Jesus, versucht so zu leben wie Jesus. Und auf den größten Teil der Welt wirkt das ziemlich merkwürdig. Warum? Weil Jesus nicht wie der Rest der Welt gelebt hat.

Diese junge Braut hatte eine Liebe von Gott erfahren, die radikal jede Faser ihres Herzens eingenommen hatte. Und diese Liebe hat in ihr eine tiefe Leidenschaft hervorgebracht, die sie veränderte. Ihr Leben hat diese Leidenschaft widergespiegelt, und deshalb hat die kommunistische Polizei sie so leicht entdecken können. Sie war das Gegenteil von gelangweilt. Ihr Glaube war nicht eintönig. Sie war mit einem Feuer für Gott erfüllt, das keine Gefängniszelle auslöschen konnte.

Gelangweilt sein ist ... cool?

Was ist das Gegenteil von Langeweile? Nun, damit du nicht zu sehr nachdenken musst, werde ich es dir sagen. Ich habe im Wörterbuch nach Antonymen für Langeweile gesucht, und hier sind ein paar Gegensatzwörter: *Begeisterung* und *Freude*. Leidenschaft – wie die der jungen Braut – würde ebenso auf der Gegenseite von Langeweile stehen. Die Welt schenkt uns nicht gerade Beifall, wenn wir uns über Gott freuen und wegen ihm begeistert oder leidenschaftlich sind. Und ich glaube, das ist eine weitere Antwort auf unsere Frage:»Warum wird mir mit Gott langweilig?«

Einige von uns fangen an, sich mit Gott zu langweilen, weil der Glaube leicht erscheint. Das wird von den Menschen um uns herum akzeptiert, und auch wir akzeptieren es. Wirklich. Denk mal darüber nach.

Wer sind die coolen Typen an deiner Schule? Hat irgendwer von denen eine Leidenschaft für Jesus? Ist jemand so leidenschaftlich, dass sein Leben wie das von Jesus aussieht? Oder sind die coolen Typen diejenigen, die mit Gott nichts zu tun haben wollen, den Glauben an ihn nicht ernst nehmen und leben, wie sie wollen?

Vielleicht ist es an deiner Schule cool, ein Christ zu sein. Wenn das so ist: großartig. Doch im Allgemeinen sehen wir doch etwas ganz anderes, wenn wir uns im Fernsehen oder in Zeitschriften ansehen, was in der Welt angesagt ist. Wer sind die beliebten Leute? Unsere Gesellschaft hält Christen nicht unbedingt dafür. Und die meisten Menschen unserer Zeit würden sich bestimmt nicht dafür einsetzen und sagen, der christliche Lebensstil sei »aufregend« oder »vergnüglich«.

Warum also fangen wir an, uns mit Gott zu langweilen? Nun, könnte es sein, dass wir unbewusst teilnahmslos gegenüber Gott und dem Glauben bleiben, weil Leidenschaft für Gott bedeutet, dass andere (in unserem Alter) uns ablehnen?

Leidenschaft ≠ Beliebtheit

Ich habe eine Freundin, die vor drei Jahren aus Vietnam in die USA gezogen ist. Mutig hatte sie sich dazu entschieden, alles Bekannte und Vertraute gegen Fremdheit und Unsicherheit zu tauschen.

So packte sie also ihre Sachen und ging im Alter von 15 Jahren nach New York.

Sie hatte einen buddhistischen Hintergrund und nicht vor, sich mit dem christlichen Glauben zu beschäftigen, aber glücklicherweise hält sich Gott nicht an unsere Absichten. Er ließ ihr einen Christen nach dem anderen über den Weg laufen, bis sie mir schließlich eines Nachmittags in ihrem gebrochenen Englisch erzählte:»Ich glaube, ich lerne Christ zu sein.«

Von diesem neuen Glauben war sie ganz begeistert und freute sich riesig über die Bibel, die ich ihr schenkte. Sie konnte es nicht abwarten, sie zu lesen. Ihr Herz fühlte sich an wie ein Heißluftballon, der von Gott gestartet worden war und hoch in den Himmel segelte.

Aber es dauerte nicht lange, bis der Ballon einen kleinen Riss erhielt und ein bisschen sank. Es war nämlich so: Meine Freundin, die so voller Freude über diese neue Liebe für Gott war, erzählte ihrer Schwester von ihrem Glauben und erwartete von ihr ebensolche Begeisterung. Leider traf sie auf Widerstand. Sich zum Christentum zu bekehren,»entehrt« eine buddhistische Familie. Es wird nicht akzeptiert.

Meine Freundin lernt langsam, dass ein begeisterter, aufregender Glaube an Gott ein abenteuerlicher Weg ist, der aber bei Weitem nicht immer der einfachste ist. Und er kann auf Widerstand treffen. Bis auf den heutigen Tag war sie noch nicht in der Lage, ihren Eltern von ihrem neu gefundenen Glauben zu erzählen, aus Angst, völlig von ihrer Familie ausgeschlossen zu werden.

Es wird uns nicht versprochen, dass Leidenschaft für Gott uns Beliebtheit bringt. Eigentlich werden wir gerade vor dem Gegenteil gewarnt:

Jeder, der an Christus Jesus glaubt und ein Leben zur Ehre Gottes führen will, wird Verfolgung erleben.

2. Timotheus 3,12

Ausgeschlossen

Christine

Nachdem sie ihre Kindheit in Texas verbracht hatte, musste Christine im Alter von 14 Jahren ihre engsten Freunde und das einzige Zuhause, das sie je gekannt hatte, verlassen. Sie zog nicht nur in eine andere Stadt, nein – es war ein für sie fremdes Land. Sie und ihre Familie zogen nach Deutschland, wo sich das Leben völlig von ihrem alten Leben im Hügelland des konservativen Texas unterschied.

In Deutschland gingen die meisten ihrer Klassenkameraden in die Disco, tranken und rauchten. Da sie eine der wenigen Christen an ihrer Schule war, fühlte sie sich an den Wochenenden ziemlich allein. Nachdem sie schließlich eine enge Freundin gefunden hatte, dauerte es nicht lange, bis diese sich nicht mehr mit ihr verabredete und stattdessen mit einer beliebten Gruppe abhing, die sämtliche Partys besuchte.

»Ich begann zu überlegen, dass ich vielleicht einfach nicht cool genug war, denn jedes Mal, wenn ich gefragt wurde, ob ich mit ausgehen und feiern würde, sagte ich Nein«, schrieb sie mir über Facebook. Christine weiß, wie es sich anfühlt, als Christ ein Außenseiter zu sein.

 # Mose

Es war sicher ein einsamer Job für Mose. Da stand er nun und war von Gott dazu auserwählt worden, die Israeliten nach etwa 400 Jahren Sklaverei aus Ägypten zu befreien.

Am Ende des vierten Kapitels im zweiten Buch Mose loben die älteren Israeliten Gott dafür, dass er Mose sandte, um sie von den Ägyptern zu befreien. Als sie zum Pharao (dem Chef Ägyptens) gingen, um ihm den Marsch zu blasen, sagten Mose und sein Bruder Aaron: »So spricht der Herr, der Gott Israels: ›Lass mein Volk ziehen‹« (2. Mose 5,1). Aber das war nicht so einfach. Der Pharao ließ sie nicht gehen – für eine lange Zeit.

Schon bald verwandelten sich Mose und Aaron von coolen Typen zu Losern. Am Ende von Kapitel 5 lesen wir, wie ärgerlich die Israeliten auf den alten Mose waren: »Der Herr soll euch dafür strafen, dass ihr uns beim Pharao und seinem Hofstaat in Verruf gebracht habt« (2. Mose 5,21). Mose hatte vom Pharao gefordert, dass er die Israeliten freiließe, doch stattdessen gab der Pharao den aufsässigen israelitischen Sklaven noch schwerere Arbeit als zuvor.

Mach dich auf was gefasst Mose, alter Kumpel. Diese harten Worte von den Israeliten sind nur ein kleines Vorspiel einer langen Geschichte der Ablehnung und der Enttäuschung. Nachdem Mose die Israeliten aus der ägyptischen Sklaverei gerettet hatte, musste er es noch weitere 40 Jahre mit diesem mürrischen Volk aushalten! Und wir reden hier nicht nur von einer kleinen Gruppe, für die er verantwortlich war. Theologen schätzen, dass es Millionen Israeliten waren! Es waren allein 600 000 Männer. Dazu kamen Frauen und Kinder – was ergibt das? Eine Massenbewegung von launischen Menschen![17] Immer und immer wieder bereiteten sie Mose Stress und lehnten ihn ab. Hier ist eines von vielen Beispielen:

Die Israeliten aber waren sehr durstig und sie beklagten sich bei Mose:»Warum hast du uns bloß aus Ägypten geführt? Etwa damit wir, unsere Kinder und unser Vieh verdursten?« Da schrie Mose zum Herrn:»Was soll ich nur mit diesem Volk tun? Es fehlt nicht viel und sie steinigen mich!«

(2. Mose 17,3-4)

Es wäre so leicht gewesen aufzugeben. Aber Mose gab nicht auf, stattdessen nahm er es immer wieder mit diesen Zweiflern auf. Warum? Er hatte einen Glauben, der größer war als die Angst vor Ablehnung. Er hatte Gottes Kraft erfahren, Gottes Stimme gehört und Gottes Befreiung aus Ägypten erlebt. Er wusste, was der einzige Weg zur Freiheit war: für Gott zu leben. Auch wenn alle anderen meinten, dass er verrückt sei. Wenn er auf die Menge gehört hätte, dann würden sie immer noch in Ägypten festsitzen!

Siehst du? Ein leidenschaftlicher Glaube bringt einem nicht immer mehr Freunde. Wenn überhaupt, dann werden viele Menschen dich nicht verstehen und dich vielleicht sogar aus ihrem Kreis ausschließen.

Gut, jetzt haben wir uns also eine wichtige Person aus dem Alten Testament angesehen. Lass uns jetzt einen Blick in das Neue Testament werfen und uns mit Paulus beschäftigen.

 *Paulus*

Dieser Typ hasste zunächst die Christen. Er nannte sich selbst einen wahren Juden und einen eifrigen Pharisäer (Philipper 3, 4-6). Soll heißen: Er kannte das Gesetz des Alten Testaments in- und auswendig, hatte eine religiöse Machtposition inne und verfolgte jeden, der sich am jüdischen Gesetz zu schaffen machte. Mit alldem im Hinterkopf kannst du dir vielleicht ein *bisschen* vorstellen, was seine Familie, Freunde und seine Ge-

meinde dachten, sagten und taten, nachdem er sich entschieden hatte, einer von der Sorte zu werden, die er vorher verfolgt hatte! Und Paulus wurde nicht nur Christ. Er lebte und starb im Namen Jesu. Das bedeutet, dass Paulus für diese neue Sache um Christi willen *alles* verlor, was bequem war, *alles*, was er geliebt hatte. Das ist mal ein leidenschaftlicher Glaube! Und obwohl wir keine Quellen darüber haben, dass seine Eltern oder Freunde ihm sagten, er sei verrückt, so wissen wir aus der Bibel, dass Paulus starke Verfolgung erlebte, als er alles für Christus aufgab.

»Paulus, du bist verrückt. Das viele Studieren hat dir wohl den Verstand geraubt!«

Apostelgeschichte 26,24

»Was für seltsame Ideen hat dieser Schwätzer [Paulus].«

Apostelgeschichte 17,18

Paulus wurde geschlagen, ins Gefängnis geworfen und für seinen Glauben gesteinigt. Aber egal, wie die Lage war, Paulus hielt an Gott fest. Warum? Weil er durch die Liebe Jesu verwandelt worden war – eine Liebe, die er nie durch irgendetwas anderes erfahren hatte. Und er zog es vor, für diese Liebe zu leben statt für die Liebe, die er in der Welt erleben konnte.

Kannst du wie Mose und Paulus sagen, dass du mehr für die Liebe Gottes als die Liebe der Welt lebst? Oder lebst du, um von der Welt geliebt und akzeptiert zu werden?

Bequemer, gemütlicher Kuschel-Glaube

Paulus wurde so oft hinausgeworfen, zusammengeschlagen und ausgesperrt, dass ich nicht weiß, ob er sich als Christ jemals »in«

und dazugehörig fühlen konnte. Und ist es nicht das, was die meisten von uns wollen, besonders wir Mädels?

»In« sein. *In* einer Gruppe sein. Dabei sein, dazugehören. Ich höre viele sorgenvolle Geschichten von Mädchen. Dabei habe ich Folgendes beobachtet: Meistens geht es bei diesen Problemen darum, dass sich jemand ausgeschlossen und nicht beachtet fühlt. Es gibt da etwas in uns, besonders bei Teeniemädchen, das sich nach Annahme sehnt und Ablehnung fürchtet.

Während sich die Mädchen von ihren Eltern abnabeln, bedeuten Gleichaltrige dagegen alles ... Dies ist die Zeit, in der man innerhalb von Freundschaften nach sich selbst sucht. Dabei wird ständig experimentiert: Welche Reaktion rufe ich bei den anderen hervor? Mit Freundinnen zu reden ist eine Art der Rückversicherung auf die wichtigste Frage: Bin ich in Ordnung?[18]

»Warum bewegen sich Mädchen immer in Gruppen ...?« Gehst du zum Beispiel mit deinen Freundinnen zusammen zur Toilette? Tief in dir ist etwas, dass dich alles innerhalb einer Gruppe machen lässt, denn das »kann dir eine gewisse Sicherheit geben (ich bin nicht allein)«.[19]

Wir haben ein Bedürfnis danach, uns akzeptiert und »in« zu fühlen. Und weil wir »in« oder akzeptiert sein wollen, machen wir es uns schnell in einem gemütlichen »Kuschel-Glauben« bequem.

Hast du dich schon mal in irgendeiner Position so behaglich gefühlt, dass du dich keinen Zentimeter bewegen wolltest? Wenn dein Wecker um 6.30 Uhr für die Schule klingelt, bist du wahrscheinlich in einer so gemütlichen Kuschellage zusammengerollt, dass dir bei dem Gedanken ans Aufstehen graut!

Wenn du einen bequemen, gemütlichen Kuschel-Glauben hast, dann weigert sich dein Herz, sich zu rühren. Das Letzte, was es will, ist, sich zu bewegen, zu verändern oder zu wachsen; denn Bewegung, Veränderung und Wachstum können unbequem sein.

Hier habe ich einige Charakteristika eines leidenschaftlichen Glaubens und eines Kuschel-Glaubens gegenübergestellt:

Kuschel-Glaube:

❀ Du lebst für Gott, wenn andere um dich herum ebenfalls für Gott leben.

❀ Du sprichst nur mit denjenigen über Gott, die auch an ihn glauben.

❀ Du begrenzt deine Zeit mit Gott auf die Gemeinde oder auf Aktivitäten mit der Jugendgruppe.

❀ Tief im Innern hast du Gott ein paar Bedingungen gestellt: »Klar folge ich dir, aber ...« Du folgst Gott nur so lange, bis er sich in deine bequeme Beziehung, dein Ansehen, deine finanzielle Lage oder dein Familienleben einmischt.

❀ Du denkst nur an Gott, wenn du etwas brauchst, also wenn er zum Beispiel ein bestimmtes Gebet erhören soll.

Leidenschaftlicher Glaube:

❀ Du bist sonntags und montags die Gleiche.

❀ Du sprichst auch mit Leuten über Gott, die ihn noch nicht kennen.

❀ Du lebst für Gott, auch wenn das bedeutet, dass du nicht so lebst, wie die meisten es in deiner Umgebung für cool halten.

❀ Du hast dein Herz Gott geschenkt und möchtest ihm unbedingt folgen, egal, was in deinem Leben passiert – auch wenn das Verletzungen, Einsamkeit oder Verfolgung bedeutet.

❀ Gott ist der Erste, an den du morgens denkst, und er ist auch in deinen Gedanken während Klassenarbeiten, wenn du dich mit jemandem unterhältst oder wenn du beim Sporttraining bist. Er ist dir immer von ganzem Herzen wichtig.

Jetzt prüfe mal dein eigenes Herz. Bist du eher bequem oder leidenschaftlich in deinem Glauben? Erkläre, warum das so ist. Und dann beantworte diese Frage: Wenn du dich mit Gott langweilst, glaubst du dann, dass das deshalb passiert, weil ein bequemer, kuscheliger Glaube von den Menschen um uns herum eher akzeptiert wird?

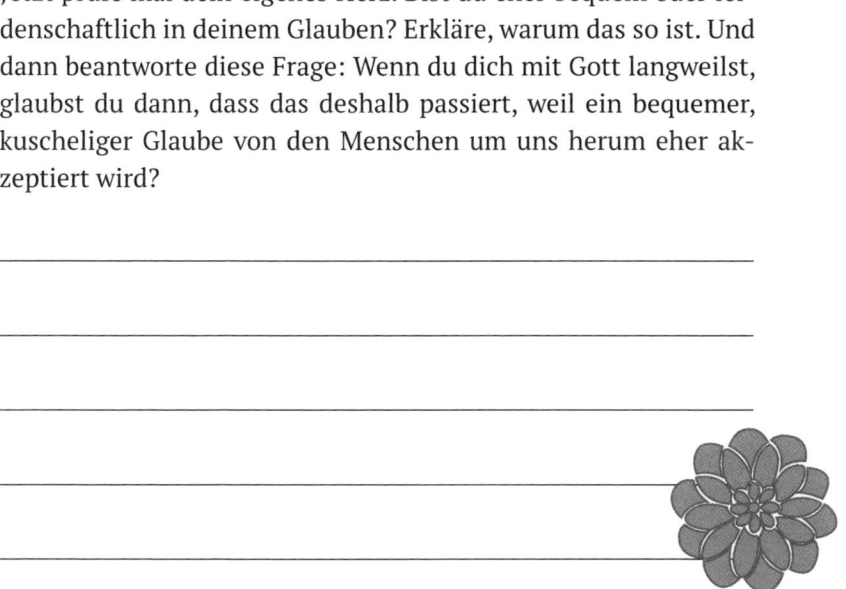

Früher waren mir Akzeptanz, Jungs und mein guter Ruf wichtiger als mein Glaube. Ich war völlig darauf fixiert, beliebt und bekannt zu sein. Mir ging es immer nur um diese Dinge: Klatsch und Tratsch über die neuesten Ereignisse, Beziehungsdramen, Jungs treffen, Trinken und Rauchen. Leider habe ich – hat mein Herz – dafür bitter bezahlen müssen.

Gegen Ende der Highschool begann ich schließlich, mit dem Glauben ernst zu machen. Ich war unruhig und hungrig und wollte mehr vom Leben als diesen langweiligen, bequemen Glauben, den ich hatte. Und ich wusste, dass ich etwas tun musste, auch wenn das Ablehnung bedeutete.

So tauschte ich meinen bequemen, gemütlichen Kuschel-Glauben gegen einen mutigeren Glauben und wagte den Versuch, mehr wie Jesus zu leben. Es war nicht einfach. Ich verlor ein paar Freunde, und ich wurde nicht mehr auf so viele Partys eingeladen. Eine meiner engsten Freundinnen traf sich nicht mehr mit

mir, weil ich nicht mehr auf die Trinkpartys mit unseren alten Freunden ging.

Verfolgung muss nicht gleich in Gefängniswänden enden. Wenn wir einen Glauben haben, der leidenschaftlich ist, dann werden wir verfolgt – ob das nun bedeutet, dass uns beim Mittagessen in der Schule kein Platz mehr freigehalten wird oder dass wir keine Einladungen mehr zu Partys bekommen.

Bist du schon mal aufgrund deines Glaubens verfolgt worden? Falls nicht, warum nicht? Könnte das ein Zeichen sein, dass dein Glaube zu bequem und langweilig ist?

Wir sind so darauf bedacht, uns akzeptiert und »in« zu fühlen, dass wir oft geteilte Herzen haben – halb suchen wir Gottes Liebe, halb die Liebe und Anerkennung der Welt. Aber Gott möchte dein ganzes Herz. In 1. Könige 8,61 heißt es, dass wir ihm von ganzem Herzen treu sein sollen.

Hier sind zwei wunderschöne Verse, an die du denken kannst, wenn du zu sehr mit dem beschäftigt bist, was andere von dir denken.

Niemand, der zu mir kommt, wird von mir abgewiesen.

Johannes 6,37 (GNB)

Aber nun gehört ihr Christus Jesus. Ihr wart fern von Gott, doch nun seid ihr ihm nahe durch das Blut seines Sohnes.

Epheser 2,13

Durch Jesus sind wir immer »in« bei Gott – immer von ihm akzeptiert, immer von ihm geliebt. Behalte das im Hinterkopf, wenn du dich ausgeschlossen fühlst, weil du versuchst, wie Jesus zu leben – ein Leben, das auf deine Freunde merkwürdig wirken mag.

Warum sollte ich einen leidenschaftlichen Glauben riskieren?

Eine Braut, die von ihrem eigenen Hochzeitstag fortgerissen wurde; Mose, den man lächerlich machte und kritisierte; Paulus, der geschlagen und hinausgeworfen wurde … warum?

Warum haben diese Menschen das alles für Gott auf sich genommen?

Lass uns Paulus' Worte lesen, um es herauszufinden:

Ja, alles andere erscheint mir wertlos, verglichen mit dem unschätzbaren Gewinn, Jesus Christus, meinen Herrn, zu kennen. Ich habe alles andere verloren und betrachte es als Dreck, damit ich Christus habe und mit ihm eins werde. Ich verlasse mich nicht mehr auf mich selbst oder auf meine Fähigkeit, Gottes Gesetz zu befolgen, sondern ich vertraue auf Christus, der mich rettet. Denn nur durch den Glauben werden wir vor Gott gerecht gesprochen.

Philipper 3,8-9

Nach diesen Versen zu urteilen war Paulus die Anerkennung der Welt ziemlich egal! Es war alles nichtig für ihn! Alles, was für ihn zählte, war, Jesus Christus zu haben und mit ihm eins zu werden. Und deshalb war Paulus frei für einen verrückten, waghalsigen, uneingeschränkten, leidenschaftlichen Glauben, der alles andere als langweilig war. Natürlich brachte das einige merkwürdige Blicke von anderen, einige Jahre Gefängnis und Blessuren mit sich ... Aber das war ihm egal! Und er hatte deswegen umso größere Freude!

Einen solch befreienden Glauben möchte ich auch – einen Glauben, der sich überhaupt nicht darum schert, was andere denken.

Wie sieht es mir dir aus? Vielleicht möchtest du einen langweiligen Glauben, weil dich das in der Welt beliebt macht. Aber weißt du was? Gott möchte dich doch davon frei machen, dass du von der Welt akzeptiert werden willst! Und in dieser Freiheit wirst du den erfrischenden, atemberaubenden, froh machenden Glauben finden, für den Gott dich geschaffen hat.

Gott will dein ganzes Herz.

Vertiefende Gedanken

Gott möchte, dass unsere Herzen voll leidenschaftlichen Feuers für ihn sind. In Markus 12,30 heißt es: »Und du sollst den Herrn, deinen Gott, von ganzem Herzen, von ganzer Seele, mit all deinen Gedanken und all deiner Kraft lieben.« In einer modernen Übertragung der Bibel wird dieser Vers so wiedergegeben: »Du sollst Gott, den Herrn, mit aller Leidenschaft und mit Gebet und Verstand und Energie lieben.«[20]

Ein Pastor namens Rick Warren hat ein paar gute Gedanken zu diesem Vers. Folgendes sagt er über die Leidenschaft für Gott:

Kreise das Wort »Leidenschaft« ein. Im Griechischen bedeutet dieses Wort »Herz«. Gott sagt: Ich möchte, dass du mit Herzblut dabei bist, steck eine gute Portion Energie und Emotion in deine Beziehung mit mir. Sei nicht feige, wenn es um die Beziehung mit mir geht. Sei nicht unentschlossen oder halbherzig. Gib alles, was du kannst.[21]

Werdet nicht *nachlässig*, sondern lasst euch ganz vom Geist erfüllen und setzt euch für den Herrn ein.

Römer 12,11 (Hervorhebung der Autorin)

Ich hatte zuvor geschrieben, dass unsere Herzen oft geteilt sind und dass wir versuchen, sowohl der Welt als auch Gott zu gefallen. Das steht einem leidenschaftlichen, aufregenden Glauben im Weg. Was könnte dir noch im Weg stehen, um einen aufregenden, leidenschaftlichen Glauben zu bekommen? Schreibe einige Punkte auf.

Falls wir einen langweiligen Glauben haben, dann liegt das an uns. Um einen begeisterten Glauben zu haben, müssen wir ihn wollen und uns dafür entscheiden. Und dann müssen wir auch so diszipliniert sein, um dranzubleiben. In Römer 12,11 heißt es: »Lasst euch ganz vom Geist erfüllen.« Rick Warren sagt, dass Leidenschaft »eine Disziplin ist. Sie kommt nicht automatisch.«[22] Welche Möglichkeiten gibt es, wie du Gott, deinen Herrn, mit ganzem Herzen lieben kannst?

_____

_____

_____

_____

_____

_____

Hier sind ein paar Tipps von mir:

* Halte dich an Freunde, die ebenfalls voller Leidenschaft für Jesus sind! In Prediger 4,9-10 heißt es: »Zwei haben es besser als einer allein: Zusammen erhalten sie mehr Lohn für ihre Mühe. Wenn sie hinfallen, kann einer dem anderen aufhelfen.«

* Lies mehr über den Gott, der wegen *dir* leidenschaftlich ist! Warum glaubst du, nennen wir die Woche vor Ostern auch »Passionswoche«? Weil Jesus so viel Passion (Leidenschaft) für dich hat, dass er für dich starb! Je mehr wir seine Leidenschaft für uns erkennen, desto mehr werden wir von Dankbarkeit ihm gegenüber erfüllt. (Die Kapitel in der Bibel über die Passionswoche stehen am Ende des Matthäus-, Markus-, Lukas- und Johannesevangeliums.)

* Sobald du Zeit damit verbracht hast, Jesus durch die Bibel besser kennenzulernen, lebe mehr wie Jesus. Wenn wir Jesus nachfolgen, dann schmecken wir etwas von dem Leben, das er führte. Und sein Leben war *alles andere* als langweilig.

Zusammenfassung

Warum wird uns mit Gott langweilig?

Sich mit Gott zu langweilen wird von der Welt eher akzeptiert. Manchmal haben wir ein tieferes Bedürfnis danach, uns von der Welt angenommen zu fühlen als von Gott.

Wenn wir die Gründe für unsere Langeweile kennen, wie können wir uns dann mit Gott »entlangweilen«?

Wir müssen verstehen, dass es eine *Entscheidung* ist, sich mit Gott zu langweilen. Wenn wir die Welt lieben, dann leben wir einen bequemen, kuscheligen Glauben. Um dagegen einen Glauben mit Geschmack und in Farbe zu bekommen, ist es hilfreich, wenn wir mit Freunden zusammen sind, die ebenfalls eine Leidenschaft für Jesus haben, und wenn wir die Bibel lesen. Dann sehen wir, wie viel Leidenschaft Gott für uns hat, und wir können besser versuchen, ein so leidenschaftliches Leben wie Jesus zu leben.

Kapitel 6

Den Abschluss feiern

Je mehr wir wissen, desto weniger wissen wir

Wenn er dran war, dann war ich nicht mehr vom Telefon wegzubekommen. Unter uns Mädels gesprochen: »Ich war vom ersten Moment an hin und weg.« Das erste Mal, als ich ihn traf, wusste ich, dass ich mit ihm Hunderte Stunden im Café sitzen und reden könnte – und dabei Hunderte von Dollar für Milchcafés ausgeben würde. Da war irgendetwas an ihm, das mich anzog. Ich wollte unbedingt alles über ihn erfahren. Wie war seine Familie? Kaute er gern Kaugummi? War er sportlich? Ein schlechter Tänzer? Intelligent? Wovon träumte er im Leben? Hatte er irgendwelche Ängste? Trug er in der Mittelstufe eine Zahnspange? Was dachte er über Gott? Welches Aftershave benutzte er (denn er roch *so* gut)?

Und das waren nur ein paar der Gedanken, die mir über Brett Bishop im Kopf herumschwirrten. Über den Mann, dem ich mich später für den Rest meines Lebens anvertraute, bis dass der Tod uns scheidet.

Auch heute noch möchte ich Brett immer besser kennenlernen. Und ich bin immer wieder erstaunt, wie viel ich noch *nicht* über ihn weiß! Ich wusste nicht, dass er zwar Kokosgeschmack mag, aber keine Kokosnüsse. Ich wusste nicht, dass er Frauenfilme mag – oder »Rom-Koms«, wie er sie nennt – das steht für »romantische Komödien«. (Pssst ... sag ihm nicht, dass ich dir das erzählt habe!) Ich hatte keine Ahnung, dass er einen Labello, den er im Parkhaus findet, aufheben und benutzen würde (wie eklig!).

Ich wusste nicht, dass er jeden Morgen um 7.30 Uhr aufwacht – egal, wie spät er am Abend davor ins Bett gegangen ist. Ich wusste nicht, wie sehr er mich im Glauben herausfordern könnte, wie er mich heute mehr als gestern lieben würde oder wie sauber er seine Zähne hält. Es gibt immer neue Dinge, die ich über Brett lerne. Und es ist dieses Erstaunen, dieser Gedanke, immer mehr über ihn zu lernen und enger mit ihm zusammenzuwachsen, der eine Ewigkeit mit ihm wie einen kurzen Atemzug erscheinen lässt.

Und dann gibt es noch Simona. Das erste Mal, als ich sie traf, weinten und lachten wir zusammen, schütteten uns gegenseitig unsere Herzen aus und tranken mindestens sechs Gläser Cola, Fanta usw. Schließlich braucht man bei einer vierstündigen Unterhaltung während der Mittagspause viel kohlensäurehaltige Flüssigkeit, um Energie und Stimmbänder am Laufen zu halten. Genau, du hast richtig gelesen. Ich sagte *vierstündige* Mittagspause. Kann man das noch Mittag nennen?

Bis auf den heutigen Tag fühlen sich Stunden mit Simona wie Minuten an. Ich liebe es, wenn sie Geschichten über ihre ehemalige Heimat Louisiana erzählt, wo *American Football* Religion ist und die Menschen mehr rote Bohnen und Reis essen als Wasser trinken. Ich liebe es, von ihren Abenteuern auf diesem Planeten zu hören, als sie in Israel lebte, den Machu Picchu bestieg oder auf dem Nil fuhr. Ich liebe es, dass sie mir Fragen stellt, eine Leidenschaft für Hotdogs hat, weint, wenn sie lacht, und keine Angst hat, Essen zu essen, das auf den Boden fällt. Es gibt mit Simona immer etwas Neues zu entdecken, zu diskutieren oder etwas, worüber man sich freuen kann. Das Leben mit ihr ist ein Abenteuer.

Gibt es einen Brett oder eine Simona in deinem Leben? Einen Freund, der dir das Gefühl gibt, geliebt zu sein, und bei dem es dir leichtfällt, ihn zurückzulieben? Eine Freundin, die Farbe und Leben in einen gewöhnlichen Tag bringt?

Egal, ob du einen Brett findest oder nicht, ob du eine Simona hast oder nicht – du und ich werden nie eine Beziehung haben, die romantischer, aufregender, exotischer ist und mehr Gründe zum Staunen bietet als unsere Beziehung zu Gott – vorausgesetzt, wir entscheiden uns für eine enge Beziehung mit ihm. Jeden Tag können du und ich eine Seite von Gott entdecken, die wir noch nicht kannten! Das Leben wird immer ein Abenteuer sein, wenn wir es mit ihm teilen. Aber wir werden ihn *nie* voll und ganz mit unserem Verstand erfassen können.

Es ist sogar so: Je besser du Gott kennenlernst, desto mehr wird dir klar, wie viel du nicht über ihn weißt! Doch gleichzeitig gilt: Während wir ihn immer besser kennenlernen, fühlen wir uns mehr und mehr von ihm geliebt. Genauso wie meine Beziehung zu Brett wächst, je mehr wir unsere innersten Gedanken miteinander teilen, genauso vertieft sich unsere Freundschaft mit Gott, wenn wir unser Leben mit ihm teilen.

Schulabschlüsse

In unserem Leben geht es immer um Abschlüsse.

Denk an all deine Abschlusstage zurück. Der letzte Tag im Kindergarten, in der Grundschule, vielleicht hast du auch schon den Abschluss nach der 9. oder 10. Klasse hinter dir oder dein Abi noch vor dir ... Worum geht es dabei? Abgesehen davon, dass man ein nettes Paar Schuhe kauft, das man stolz vorführt, wenn man über die Aulabühne geht, um das Abschlusszeugnis zu erhalten. Worum geht es eigentlich? Wir machen Abschlüsse, um zu sagen, dass wir diesen Teil unseres Lebens abgeschlossen haben, damit die nächste Herausforderung kommen kann!

Auf diese Weise leben wir ganz häufig. Manche von uns mögen die Vorstellung, etwas vollendet zu haben – einen weiteren Punkt, den wir auf der Liste abhaken können, ein Ziel, das wir erreicht haben, sodass wir uns das nächste vornehmen können. Wir leben in einer Gesellschaft, in der es darum geht, an bestimmten

Orten gewesen zu sein und bestimmte Dinge erledigt zu haben. Wir sind stolz darauf, wenn wir anderen erzählen können, dass wir hier und dort schon gewesen sind, dies und jenes schon getan und schon eine bestimmte Erfahrung gemacht haben.

Experiment

Was ist das für ein Stolz in uns, der gern anderen erzählt, dass wir hier und dort schon waren und dieses und jenes getan haben? Aus irgendeinem Grund versuchen wir Mädels uns unser ganzes Leben lang gegenseitig zu übertrumpfen, immer müssen wir einander überbieten. Versuch mal ein kleines Experiment. Das nächste Mal, wenn du in einer Gruppe bist, beobachte mal den Verlauf der Unterhaltung. Gab es irgendwelche »Überbietungen«? Oder vielleicht bist du diejenige, die alle überbietet? Was mich betrifft, so habe ich auf jeden Fall schon versucht, besser als andere zu sein. Lass uns versuchen, uns bewusster zu machen, wie viel wir angeben. Und lass uns für andere beten, die das ebenfalls tun.

Alles herausgefunden

Ja, wir leben in einer Welt, die es liebt, Abschlüsse zu machen. Aber es gibt einen Bereich im Leben, den wir nie ganz bewältigen, beenden oder abschließen – unser Wissen über Gott.

Zu dumm, dass wir das nicht immer glauben. Oder sollte ich treffender sagen: *Ich* glaube das nicht immer.

Ich war das Mädchen aus der Gemeinde, diejenige, die alle Bibelverse kannte. Die Pfarrerstochter, die über verschiedene theologische Themen diskutieren konnte. Mit geschwellter Brust und erhobener Nase glaubte ich, ich wüsste alles, was es über Gott zu wissen gab, und ich verurteilte andere, die das nicht taten.

Du warst wahrscheinlich nicht wie ich, warst vielleicht nicht in einer Jugendgruppe, im Hauskreis oder in der Gemeinde aktiv – aber hast du jemals geglaubt, dass du schon alles weißt, was du über die Sache mit Gott wissen musst? Es wäre verständlich, wenn es so ist, denn wir wachsen mit einem solchen Denkmuster auf. Wenn wir in einer Gesellschaft leben, in der man fast alles erreichen kann, kommen wir dann nicht an einen Punkt, an dem wir denken, wir haben Gott »geschafft«? Und ist das nicht eine weitere Antwort auf die Frage: »Warum wird uns mit Gott langweilig?« Wir langweilen uns mit ihm, wenn wir glauben, dass wir alles über ihn herausgefunden haben.

Neulich habe ich ein anderes Buch über Langeweile mit Gott gelesen, und der Autor zitierte folgende Wahrheit: »Falls sich unsere Studenten für eine wachsende Beziehung mit Gott einschreiben, dann werden sie diesen Kurs nie abschließen wollen.«[23] Ist es nicht cool, dass es *nie* einen Tag geben wird, an dem man nicht etwas Neues über Gott und seine Art zu handeln lernen kann? Genauso wie ich nicht aufhören konnte, mit Brett zu telefonieren oder mit Simona in der Mittagspause zu quatschen, weil wir uns gegenseitig bis ins Kleinste kennenlernen wollten, genauso bittet Gott uns, ihn zu erforschen.

Was ist aufregender als ein Pappkarton?

Meine Freundin Simona hat einen fünfjährigen Sohn namens Mika. Sie erzählte mir, dass er als Kleinkind an Weihnachten mehr Freude daran hatte, mit den Verpackungen seiner neuen Spielzeuge zu spielen als mit den Spielzeugen selbst. Weißt du, was sie daraufhin tat? Im folgenden Jahr packte sie einen leeren Karton in eine Geschenktüte. Schließlich hatte Mika im Jahr zuvor nur mit Kartons gespielt. Doch *dieses* Mal spielte er mit der Tüte, in die sie den Karton gepackt hatte! Simona konnte es kaum glauben!

Du erinnerst dich vielleicht auch daran, wie du dich als kleines Mädchen unglaublich über die kleinsten Dinge gefreut hast: eine leere Schachtel, eine Eiswaffel, eine Fahrt in den Supermarkt, eine neue Packung Zahnpasta (okay, ich freue mich immer noch sehr über neue Zahnpasta). Kinder sehen die Welt mit anderen Augen. Dieses kindliche Staunen wünscht sich Gott auch von uns.

Früher habe ich die Geschichten in der Bibel von Daniel in der Löwengrube oder von dem Manna, das Gott vom Himmel regnen ließ, mit kindlichem Staunen gehört. Heute merke ich, dass ich manchmal mit »matten« Augen lese. »Wir sind heute einer großen Gefahr ausgesetzt«, schreibt Malcom McLeod, »dem Aussterben des Überraschungssinns.«[24] Hat er nicht recht? Warum funkeln unsere Augen nicht mehr?

Wie können wir von »Gott geschafft« wieder zu dem Staunen eines kleinen Mädchens an Heiligabend gelangen? Denk mal darüber nach und schreib ein paar Gedanken dazu auf, bevor ich dir meine mitteile.

_____

_____

_____

_____

_____

Begeistert über seine Wunder

Hier sind drei hilfreiche Ideen, wie du wunderbare, umwerfende Momente mit Gott erleben kannst:

1. Weiter unten habe ich ein paar Geschichten aus der Bibel auf-
gelistet. Geschichten voller Spannung, Abenteuer, Liebe und
Happy End. Falls du die Geschichten schon mal gelesen oder
gehört hast, notiere, was du über sie weißt – einige der Haupt-
themen oder wichtige Aussagen, an die du dich erinnerst. Lies
dann die Geschichten noch mal und schreib auf, was du diesmal
daraus mitgenommen hast. Falls du die Geschichten noch nicht
kennst, lass dich überraschen! Notiere dir deine Lieblingsverse
und Schlüsselstellen der Geschichten.

* Königin Esther (Schau dir mal das ganze Buch Esther an. Es
  ist kurz und macht Spaß zu lesen!).
* Die Arche Noah (die Geschichte findest du in 1. Mose 6–9).
* Jona und der Walfisch (Jona ist ein weiteres kurzes Buch und
  toll zu lesen).
* Rahab, die Prostituierte, und der Fall Jerichos (Rahabs Geschichte steht in Josua 2 und in Josua 6; lies so viele Kapitel
  dazwischen, wie du willst!).

2. Trommle ein paar Freunde zusammen und geht in der Natur
wandern! Taucht aus dem Alltag ab. Geht in einen Wald in der
Nähe oder plant einen Campingausflug. Und dann ... haltet inne.
Haltet inne und seht euch all die Einzelheiten in Gottes Schöpfung an. Untersucht die verschiedenen Formen der Steine, die
Farben der Blätter und die Gerüche der Blumen. Oder schaut
euch von eurem eigenen Garten aus die Sterne an.

3. Tu etwas für deine Bildung. Keine Sorge, du sollst nicht eine
Stunde länger in der Schule verbringen. Ich meine etwas anderes:
Beschäftige dich mit den unendlich vielen christlichen YouTube-
Videos, DVDs, Büchern und höre christlichen Rednern zu, die dir
helfen, das Universum, die Geschichte der Bibel und den mensch-
lichen Körper besser zu verstehen. Geeignet sind zum Beispiel

folgende Titel: *Faszination Universum – eine Entdeckungsreise in ferne Welten* (DVD) und *So entstand die Welt* (DVD) sowie Lee Strobels Bücher, zum Beispiel *Glaube im Kreuzverhör* und *Der Fall Jesus.*

Vertiefende Gedanken

Lies die folgenden Bibelverse und achte darauf, was die Schreiber taten oder vorschlugen, damit unser Wissen und Erstaunen über Gott zunimmt. Umkreise die Wörter, die eine Aktion beschreiben und die die Autoren selbst in die Tat umgesetzt haben oder die wir einüben sollen, damit unser Glaube nicht stagniert.

Hilf mir, die Bedeutung deiner Gebote zu begreifen, und ich will über deine wunderbaren Werke nachdenken.

Psalm 119,27

Jedes Mal, wenn die Israeliten ihr Lager aufschlugen, errichtete Mose in einiger Entfernung außerhalb des Lagers ein Zelt, das er »Zelt der Begegnung« nannte. Jeder, der den Herrn etwas fragen wollte, ging dorthin ...
Der Herr sprach mit Mose von Angesicht zu Angesicht, wie einer, der mit seinem Freund redet. Danach kehrte Mose wieder ins Lager zurück, doch ein junger Mann namens Josua, ein Sohn Nuns, verließ das Zelt der Begegnung nie.

2. Mose 33,7.11

Sein Geist weiß alles und schenkt uns einen Blick selbst in die tiefsten Geheimnisse Gottes ... Und Gott hat uns nicht den Geist dieser Welt gegeben, sondern seinen Geist, damit wir das begreifen können, was Gott uns geschenkt hat.

1. Korinther 2,10.12

Strengt euch deshalb an, diese Zusagen Gottes in eurem Glauben zu leben. Dann zeigt sich euer Glaube durch ein vorbildliches Leben. Ein vorbildliches Leben aber führt zur tieferen Erkenntnis Gottes. Aus der Erkenntnis Gottes folgt Selbstbeherrschung. Aus der Selbstbeherrschung wächst Geduld und aus der Geduld ein Leben im Glauben zur Ehre Gottes. Aus der Ehrfurcht vor Gott entspringt die Liebe zu den Gläubigen, und aus dieser schließlich die Liebe zu allen Menschen. Je mehr ihr in dieser Hinsicht vorankommt, desto mehr werdet ihr mithilfe der Erkenntnis von Jesus Christus, unserem Herrn, ein sinnvolles, auf andere ausstrahlendes Leben führen.

2. Petrus 1,5-8

Wer mich gesehen hat, hat den Vater gesehen!

Johannes 14,9

Was in diesen Versen könnte dir helfen, dein Wissen über Gott zu vertiefen und seine Unbegrenztheit zu erkennen? Erstell eine Liste mit den hilfreichen Tipps, die du aus diesen Versen gelernt hast.

_____

_____

_____

_____

_____

_____

Ich habe meine persönliche Entdeckungsliste erstellt. Vergleiche sie mit deiner:

Psalm 119,27: Ich möchte Gott um ein tieferes Verständnis für ihn bitten und Zeit damit verbringen, über seine wunderbaren Werke nachzudenken.

2. Mose 33,7.11: Wenn ich etwas über Gott nicht verstehe, sollte ich mich nicht scheuen, ihm direkt meine Fragen zu stellen, genauso wie es Mose tat. Und wie Josua muss ich mir *Zeit* dafür nehmen, um mit Gott zu reden. Ich sollte nicht in Eile sein.

1. Korinther 2,10.12: Der Heilige Geist weiß alles über Gott, und derselbe Geist wohnt in mir! Ich will Gott bitten, dass der Heilige Geist mich mit Gottes Herz vertrauter macht und dass ich erkenne, was der Geist mich über Gott zu lehren versucht.

2. Petrus 1,5-8: Glaube, vorbildliches Leben, Erkenntnis, Selbstbeherrschung, Geduld, Leben zur Ehre Gottes, Ehrfurcht und Liebe helfen mir dabei, in meinem Wissen über Gott zu wachsen. Ich will Gott bitten, dass er mir hilft, diese Punkte in die Tat umzusetzen. Diese Eigenschaften kann ich auf kleine Zettel schreiben und an meinen Badezimmerspiegel hängen, um sie mir täglich neu bewusst zu machen. Ich vertraue darauf: Wenn ich diese Eigenschaften mehr in meinem Leben berücksichtige, dann werde ich erkennen, wie das Herz Gottes ist.

Johannes 14,9: Wenn ich über Jesu Leben lese, erhalte ich einen Einblick in das Herz Gottes.

Also vergiss das Abschlussballkleid, wenn es um Gott geht! Er hält immer etwas Neues für dich bereit, das deinen verschlafenen Glauben zum Leben erweckt. Lass uns beten, dass Gott uns eine

Sehnsucht danach gibt, ihn immer besser kennenzulernen, und dass wir uns beim Glauben nie mit dem momentanen Zustand zufriedengeben.

Gott, wir danken dir für deine Größe. Es stimmt, dass wir uns manchmal mit dir langweilen und dich besser verstehen müssen. Hilfst du uns bitte dabei zu erkennen, wie wunderbar du wirklich bist? Amen.

Zusammenfassung

Warum wird uns mit Gott langweilig?

Weil etwas in uns ist, das meint, schon alles zu wissen. Wir glauben manchmal, bereits alles über Gott zu wissen, was es zu wissen gibt. Wir meinen, wir hätten »Gott geschafft« und einen »Abschluss« im Glauben.

Wenn wir die Gründe für unsere Langeweile kennen, wie können wir uns dann mit Gott »entlangweilen«?

Wir sollten unser Herz nach der Bibel und nach den großen Männern und Frauen des Glaubens ausrichten, über die wir in Gottes Wort lesen. Wir sollten uns auch draußen in der Natur aufhalten, Geschichten aus der Bibel mit neuen Augen lesen und aufschreiben, was wir alles lernen. Und das ist erst der Anfang. Je mehr wir über Gott erfahren, desto mehr werden wir erkennen, wie er wirklich ist – und unser Glaube wird mit kindlichem Staunen erfüllt werden.

Kapitel 7

Schrumpel-Herzen

Ich möchte dir Jayabhai vorstellen. Sie ist eine Frau aus Indien, die Marathi spricht. Als sie 17 Jahre alt war, zwangen ihre Eltern sie zu heiraten. Wahrscheinlich bist du auch nicht viel jünger als 17 oder bist sogar gerade 17 Jahre alt. Stell dir vor, deine Eltern würden einen Mann für dich aussuchen, dich dann während der Oberstufe oder deiner Ausbildung aus dem Haus werfen, damit du mit einem Mann lebst, den du vielleicht noch nicht einmal kennst, geschweige denn liebst.

Vielleicht wäre Jayabhais arrangierte Ehe nicht einmal so schlecht gewesen, wenn ihre Eltern sie wenigstens mit einem anständigen Mann verheiratet hätten. Aber das war nicht der Fall.

»Meine Eltern verheirateten mich, als ich 17 wurde. Ich konnte meinen höheren Schulabschluss nicht mehr machen, weil sie es ziemlich eilig hatten, mich mit dem Sohn meines Onkels zu verheiraten. Sie wussten, dass er alkoholabhängig war, trotzdem haben sie mich mit ihm verheiratet. So begann meine Ehe schon mit viel Leid, das fünfeinhalb Jahre anhielt. Jetzt, als Witwe mit zwei Töchtern im Alter von fünf und drei Jahren, um die ich mich kümmern muss, bin ich sogar noch verzweifelter und hoffnungsloser.«

Du denkst vielleicht, ihr Leben wurde besser, nachdem ihr alkoholabhängiger Ehemann verstorben war, aber nach dem

alten Brauch der Hindus (Hindu ist die Hauptreligion in Indien) hat eine Witwe nicht viele Optionen. »Sie kann den jüngeren Bruder ihres Mannes heiraten (falls es ihre Familie will), oder sie kann ihre restlichen Tage völlig isoliert verbringen – in einem *Aschram,* einer religiösen Stätte für Witwen, wo sie ihren Kopf scheren, Trauerkleidung tragen und für den Tod ihres Mannes ›büßen‹ muss.« Manchmal ist es noch viel schlimmer. Früher war es so: Wenn ein Mann starb, dann zündeten die Leute seinen Körper auf einem Scheiterhaufen an. Die Witwe warf sich dann ebenso in das Feuer – oder wurde mit Gewalt hineingestoßen. Diese Sitte, die *Sati* heißt, ist inzwischen gesetzeswidrig, wird aber trotzdem noch in einigen ländlichen Gegenden praktiziert. Witwen bringen den Familien nach indischen Ansichten Pech, deshalb haben sie ganz einfach keine Zukunft.[25]

Obwohl diese Tradition heute nicht mehr von allen praktiziert wird, erwartet die ärmeren Witwen und diejenigen auf dem Land trotzdem meist immer noch eine düstere Zukunft. Viele Witwen in Indien werden sozial isoliert und müssen in Seitenstraßen um Essen betteln. Einige arbeiten auch als Prostituierte, um sich Essen kaufen zu können. »Mit ihrem geringen sozialen und wirtschaftlichen Status werden viele von ihnen bettelarm.«[26]

Diese soziale Vernachlässigung erlebte Jayabhai mit 23 Jahren. Aber es gibt auch Mädchen in deinem Alter, die in dieser verzwickten Lage stecken. Wie können diese Mädchen jemals Hoffnung gewinnen? Sie haben ihre Persönlichkeit verloren und keine Zukunft.

Jayabhai empfand das erste Mal Hoffnung und Frieden, als sie von Gottes Wort hörte. Die *Bible Society of India* (www.bsind. org), die es sich zur Aufgabe gemacht hat, die Bibel für jeden in Indien in seiner jeweiligen Sprache verfügbar zu machen, bot damals über die örtlichen Kirchen ein Seminar für indische Witwen an. Jayabhai nahm daran teil und hatte keine Ahnung, auf was sie sich da einließ.

Die Kraft der Bibel veränderte ihr Leben. Lies mal ihre Worte. Ich vermute, es wird dich erschüttern, was sie sagt (so ging es mir jedenfalls):

»Als ich bei diesem Seminar mitmachte, forderte Gott mich dazu auf, die Bitterkeit, die ich gegenüber meinen Eltern, meinem Mann und meiner Schwägerin hegte, an ihn abzugeben. Ich rang über eine Woche damit. Glücklicherweise gab man mir eine Bibel in der Sprache Marathi, die ich spreche. Nachdem ich von der Kreuzigung, vom Tod und der Auferstehung Christi gelesen hatte, war ich schließlich in der Lage, meiner Familie zu vergeben.«[27]

Wie bitte?! Ich würde es verstehen, wenn sie zum Beispiel sagen würde: »Weil ich die Bibel las, verstand ich, dass Gott mich liebt.« Oder: »Weil ich die Bibel las, wusste ich, dass Gott eine Zukunft für mich hatte.« Und ich bin sicher, dass sie auch das weiß. Aber zu lesen, wie ihr die Bibel die Fähigkeit gab, ihrer Familie zu vergeben ... wow! Ihre Eltern wollten sie loswerden! Sie wussten, was sie taten, als sie sie wegschickten, um mit einem Alkoholiker zu leben. Nachdem ihr Mann gestorben war, hatte Jayabhai niemanden, der sich um sie kümmerte. Ich würde Jahre brauchen, um diesen Menschen, die mir so etwas angetan hätten, zu vergeben! Aber dieses Zitat beweist, was die Bibel bewirken kann. Sie ist lebendig, und sie berührt das Herz.

Das Wort Gottes ist lebendig und wirksam. Es ist schärfer als das schärfste Schwert und durchdringt unsere innersten Gedanken und Wünsche. Es deckt auf, wer wir wirklich sind, und macht unser Herz vor Gott offenbar.

Hebräer 4,12

Jayabhai sah Gottes Herz auf neue Weise. Sie sah den Schmerz, den er erlitten hatte, um ihr zu vergeben und ihr eine Beziehung

mit ihm zu ermöglichen. Und erst als Jayabhai das opferbereite Herz Gottes sah, wurde ihr eigenes Herz verändert.

Wie ein Bad in der Bibel

Das ist die Kraft, mit der die Bibel das Leben einer Person verändern kann. Die Bibel hilft uns dabei, dass wir einen Glauben »mit Geschmack und in Farbe« bekommen, denn sie lehrt uns etwas über das Herz Gottes.

Warum wird uns mit Gott langweilig?

Weil wir die Bibel nicht kennen. Punkt.

Vielleicht trifft das auf dich nicht zu. Du liest vielleicht dieses Buch hier und kennst die Bibel so gut wie deine Westentasche. Aber wahrscheinlicher ist: Falls du einen oberflächlichen, langweiligen Glauben hast, dann liegt es daran, weil du nicht von Kopf bis Fuß in das Wort Gottes eintauchst.

Was passiert, wenn du ein Sonnenbad nimmst?

Deine Haut wird braun.

Was passiert, wenn du so viel Creme für deinen Körper verwendest, dass du schon fast darin badest?

Deine Haut wird weicher.

Was passiert, wenn du in Wasser badest?

Deine Haut wird schrumpelig.

Was passiert, wenn du in einem Käsefondue badest?

Ich weiß es nicht. Aber er wäre sicher eklig, und deine Freunde würden lieber nichts mehr mit dir zu tun haben wollen.

Das, was ich beim Baden als kleines Mädchen am liebsten mochte, waren die schrumpeligen Finger. Ich fand es toll, wie meine Finger eben noch glatt waren und dann in der nächsten Minute wie kleine Gehirne oder fleischfarbene Rosinen aussahen. Ich wünschte mir damals, dass mein ganzer Körper im Wasser schrumpeln würde so wie meine Fingerspitzen, aber je älter ich wurde, desto klarer wurde mir, dass das wirklich merkwürdig wäre. Und dass es noch seltsamer war, dass ich so etwas überhaupt wollte.

Interessant zu wissen

Die äußerste Hautschicht schwillt an, wenn sie Wasser aufnimmt. Sie ist eng verbunden mit der Haut darunter und macht die größere Fläche dadurch wett, dass sie schrumpelig wird. Neuere Forschungen untersuchen, welche Rolle Nervenimpulse bei der Gefäßverengung spielen, wenn die Haut im Wasser schrumpelt.[28]

Wenn du dieses Buch zu Ende gelesen hast, hoffe ich, dass dein Herz ganz schrumpelig ist durch die viele Zeit, die du »in Jesus eingetaucht« bist – er ist das lebendige Wasser. Je mehr du davon »einsaugst«, wer Gott wirklich ist, desto mehr wird sich dein Herz verändern. Es wird schrumpelig statt glatt und ist begeistert statt gelangweilt.

Kaffeezeit mit Gott

Jeden Morgen, bevor ich zur Schule ging, sah ich meinen Vater in seinem Arbeitszimmer mit einer Bibel auf seinem Schoß sitzen. Wenn er außer Haus war, dann lag seine Bibel offen auf seinem gemütlichen Lieblingssessel – ein Hinweis für mich, dass er und Gott ihre regelmäßige Verabredung zum Morgenkaffee gehabt hatten. Manchmal ging ich auch an seinem Arbeitszimmer vorbei und sah flüchtig im Vorbeigehen, wie er kniete – seinen Kopf auf die Hände gestützt – und mit Gott redete. Obwohl ich ihrem Gespräch nie lauschte, wusste ich, dass er für mich betete – für jede

Einzelheit meines Lebens: für meinen Test am Nachmittag, mein Volleyballspiel am Abend, meine Freundschaften, meinen zukünftigen Ehemann und vor allem für meinen Glauben an Gott. Egal, was für ein Morgen es ist – ein Samstag oder ein Arbeitstag, ein trauriger Morgen, ein Morgen nach wenig Schlaf: Mein Vater verpasst nie seine morgendliche Verabredung mit Gott.

Meine Mutter hielt mich oft auf meinem Weg aus der Tür in Richtung Schule an. »Mama, ich hab keine Zeit mehr!«, jammerte ich dann. Aber meine Mutter sagte immer: »Liebling, nur ein Bibelvers. Ich segne dich mit einem Bibelvers, bevor du zur Schule gehst.« Ich konnte mir nicht vorstellen, wie diese Verse meinen Tag beeinflussen sollten. Aber wenn ich Sorge wegen einer Arbeit in der Schule hatte, dann erinnerte ich mich: »Sorgt euch um nichts, sondern betet um alles. Sagt Gott, was ihr braucht ... Sein Friede wird eure Herzen und Gedanken im Glauben an Jesus Christus bewahren« (Philipper 4,6-7).

Als ich in der sechsten Klasse war, litt ich unter Schlaf- und Zwangsstörungen. In meinem Fall war es so, dass ich mich an eine zwanghafte Routine hielt, bevor ich ins Bett ging. Alle meine Kommodenschubladen und Schranktüren mussten geschlossen sein, alle Lichter im Badezimmer mussten ausgeschaltet sein, der Toilettendeckel heruntergeklappt und die Duschkabinentür geschlossen sein, bevor ich auch nur daran denken konnte, schlafen zu gehen. Ich machte den Lichtschalter immer wieder an und aus, an und aus, bis ich überzeugt war, dass das Licht auch tatsächlich ausgeschaltet war. (Zu dieser Zeit fiel mir dann auf, dass etwas nicht stimmte, denn es ist ja ziemlich eindeutig, wenn ein Licht an oder aus ist, oder?) Es ist schwierig in Worte zu fassen, aber diese Zwangsstörung beherrschte meine Gedanken. Ich spielte jedes negative Ereignis des Tages immer wieder in meinem Kopf ab – zum Beispiel eine verletzende Unterhaltung mit einer Freundin oder einen peinlichen Moment in der Schulmensa. Wenn ich mich dann im Geiste in dieser Szene befand und jedes

Detail des Geschehens wieder vor mir sah, versuchte ich mir neu vorzustellen, was ich hätte sagen oder tun sollen. Ich tat das jede Nacht. Während ich im Bett lag, spielte ich in Gedanken alles neu durch, bis mir der kalte Schweiß ausbrach. So lag ich die halbe Nacht wach.

Das alles geschah, als ich in der sechsten Klasse war. Mein Leben geriet damals außer Kontrolle! Gruppendruck, Einsamkeit, Unsicherheiten ... Mein Drang, die Kontrolle wiederzuerlangen, verursachte meine Zwangsstörungen. Dieses zwanghafte Verhalten unterbrach meinen Schlaf und ließ mich noch gestresster in die Schule gehen. Und so verschlimmerte sich diese ausweglose Situation: Stress – Kontrollfreak – zwangsgestörtes Mädchen – kein Schlaf – Stress – Kontrollfreak – zwangsgestörtes Mädchen ... du weißt sicherlich, was ich meine.

Ich erinnere mich daran, wie meine Mutter eine Nacht nach der anderen neben mir lag, während ich mich in meinem Bett hin- und herwarf und versuchte, die nervigen Gedanken zu vertreiben. Sie kämmte mir mit ihren Fingern durch mein Haar und flüsterte mir Bibelverse zu, bis mein Körper schließlich aufgab. Irgendetwas in mir ließ los, sodass der Schlaf mich schließlich übermannte. Heute weiß ich, dass es die Kraft von Gottes Wort war, die meinem Kopf und vor allem meinem Herzen Heilung brachte. Friede, ein unerklärlicher Friede nahm dem Stress seine Macht und begann in meinem Leben zu herrschen. Es war der Friede, um den meine Mutter Gott Nacht für Nacht gebetet hatte.

Warum habe ich das hier so ausführlich erzählt?

Weil meine Mutter und mein Vater nicht nur Glauben haben, sondern sie *leben* diesen Glauben. Und den Glauben zu leben ist einer der Schlüssel zum geistlichen Abenteuer! Einer der wichtigsten Wege, den Glauben wirklich zu leben, ist dieser: sich Zeit zu nehmen, die Bibel regelrecht in sich »aufzusaugen«.

Meine Eltern hatten sich entschieden, sich täglich an Gott festzuhalten – in schlechten, guten und gewöhnlichen Zeiten.

Sie hatten sich entschieden, täglich mit Gott zusammenzukommen, indem sie in seinem Wort lasen und es dann auf ihr Leben anwandten. Beachte, dass ich das Wort *entschieden* benutzt habe. Sie haben sich nicht immer danach *gefühlt*, mit Gott Zeit zu verbringen. Es war nicht immer so, dass sie beim Gedanken daran, ihre Bibel aufzuschlagen, ganz aufgeregt auf- und abgesprungen sind. An einigen Tagen sehnen sie sich danach, mit Gott zusammen zu sein, an anderen Tagen kann es sich wie Routine oder eine Gewohnheit anfühlen. Aber egal, wie sie sich fühlen, sie haben eine verbindliche Entscheidung getroffen. Und aufgrund dieser verbindlichen Hingabe lernen sie Gott als den kennen, der er ist. Und weil sie sich so entschieden haben, können sie ernsthaft sagen: »Gottes Liebe überrascht mich jeden Morgen immer mehr.«

Wenn du und ich uns entscheiden, uns dieser Sache mit Gott mit aller Konsequenz hinzugeben, wenn wir uns für eine tägliche Verabredung mit ihm zum Morgenkaffee, zum Mittagessen oder zum warmen Kakao am Abend entscheiden, dann wird auch uns seine Liebe überraschen.

Wie wird die Bibel zu einem vertrauten alten Freund?

Wenn du beim Lesen der Bibel in dich »aufsaugst«, wer Gott ist, dann wird dich das völlig zum Staunen bringen. Aber wenn wir ehrlich sind, fühlt sich das Bibellesen für uns manchmal wie eine unbeholfene erste Verabredung mit einem Jungen an! Du öffnest die Bibel, starrst auf den Text, weißt nicht recht, was er dir sagen will, und bist völlig unsicher, wie du das Gelesene richtig verstehen sollst. Aber lass dir eins gesagt sein – und zwar von jemandem, der sich beim ersten Lesen der Bibel auch ziemlich unbeholfen vorkam: Sobald du der Sache Zeit gibst und Fragen stellst,

der Bibel zuhörst, sie genauer unter die Lupe nimmst, wirst du sie besser verstehen. Sie wird dein Ratgeber und Leitfaden werden und deiner Seele das geben, was sie braucht.

Während der elften Klasse erwachte mein Glaube erstmals so richtig und auf eine Art wie nie zuvor. Ich hatte mich dazu entschieden, in die Bibel »einzutauchen«, nicht nur ab und zu oder wenn ich mich danach fühlte, sondern ich wollte sie regelmäßig lesen und jedes Wort in mich »aufsaugen«. Hatte ich immer Lust darauf, die Bibel zu lesen? Nein. Aber ich begann zu bemerken: Jedes Mal, wenn ich in der Bibel las, anstatt einer anderen Sache den Vorzug zu geben, wurde ich näher an Gottes Herz gezogen. Schon bald wurde sie ein vertrauter alter Freund.

Unsere Herzen zurechtstutzen

Wenn ich mich in meinem Leben mit Gott langweile, dann weiß ich, dass es daran liegt, weil ich mir keine Zeit nehme, seine unermessliche Größe und Liebe zu erforschen. Wenn du dir täglich Zeit nimmst, um Gott durch sein Wort kennenzulernen, dann wirst du, glaube ich, bemerken, wie sich deine Sicht von ihm verändert. Ich bin mir dessen sogar *sicher*, denn er hat es versprochen! Lies selbst:

Ich bin der wahre Weinstock und mein Vater ist der Weingärtner. Er schneidet jede Rebe ab, die keine Frucht bringt, und beschneidet auch die Reben, die bereits Früchte tragen, damit sie noch mehr Frucht bringen. Ihr seid schon durch die Botschaft, die ich euch gegeben habe, beschnitten. Bleibt in mir, und ich werde in euch bleiben. Denn eine Rebe kann keine Frucht tragen, wenn sie vom Weinstock abgetrennt wird, und auch ihr könnt nicht, wenn ihr von mir getrennt seid, Frucht hervorbringen.

Johannes 15,1-4

Okay, das Beschneiden, über das in diesem Vers gesprochen wird, ist nicht dasselbe wie das »Schrumpeln« des Herzens, das ich im Zusammenhang mit der Badewanne weiter oben erwähnte, aber beides kann Hand in Hand gehen.

Interessant zu wissen

Was bedeutet es, etwas zu *beschneiden?*
1. Etwas durch Schneiden kürzen oder in die gewünschte Form bringen.
2. Am Rand etwas gerade oder glatt schneiden; überflüssige, zu breite Randstreifen wegschneiden.[29]

Wenn du mit Gott verbunden bleibst und ihn durch die Bibel »aufsaugst«, dann wird dein Herz mit seiner Güte erfüllt – es wird ein mit Güte *beschnittenes* Herz. Dein Herz verliert dann alle rauen Kanten und alle schlechten Teile – es wird *gestutzt*. Mir fällt es zum Beispiel schwer, Geld zu verschenken – einer Freundin etwas zu leihen, jemanden zum Essen einzuladen oder sogar den Obdachlosen etwas zu schenken. Ich bin ziemlich knauserig. Und diese Knausrigkeit ist genau das, was Gott zurechtstutzen möchte. Er hat ganz langsam meine schlechte Neigung, Geld zu horten, mit diesem Vers beschnitten:»Doch wenn einer genügend Geld hat, um gut zu leben, und einen anderen in Not sieht und sich weigert zu helfen – wie soll die Liebe Gottes da in ihm bleiben? Liebe Kinder, wir wollen nicht nur davon reden, dass wir einander lieben; unser Tun soll ein glaubwürdiger Beweis unserer Liebe sein« (1. Johannes 3,17-18).

Hast du schon mal einen Vers gelesen, der dein Herz zurechtgestutzt und ein paar schlechte Teile entfernt hat? Wenn ja, dann schreib es hier auf.

_____

_____

_____

_____

_____

Die Art, wie die Bibel unsere Herzen zurechtstutzt, beweist, dass
ihre Worte Macht haben, lebendig und dynamisch sind.

Ist die Bibel wirklich *lebendig*?

Wenn du Menschen sagen hörst, dass die Bibel lebendig sei, dann
stellst du dir vielleicht eine Bibel mit Augen, kleinen Beinen und
Armen vor, wie ich es aus einem alten Kindergottesdienstlied
kenne. (Oder vielleicht entsteht dieses Bild nur in meinem verrückten Kopf.) Aber die Worte der Bibel sind wirklich lebendig
und wirksam, sie verändern (beschneiden) Herzen und Sinne, damit wir ein Leben erfahren, das nicht mehr langweilig ist und das
Gott sich für uns vorstellt.

In 5. Mose 32,47 heißt es:»Diese Anweisungen sind nicht nur
leere Worte – sie sind euer Leben!« Was sind Gottes Worte laut
diesem Vers?

Leben!

Gottes Worte sind das Leben! Wenn dieses »Leben« dir ein wenig vage vorkommt, dann lass uns mal die Geschichten von ein
paar Mädels lesen, die durch die dynamischen und lebendigen
Worte der Bibel echtes Leben erfahren haben.

Laura

Ich war in der zehnten Klasse. Ich werde nie den Zettel vergessen, den Ben mir während der zweiten Englischstunde zusteckte und dabei sagte:»Laura, wir wollen, dass du auch unterschreibst! Ein paar deiner Freundinnen sind schon dabei.«

Ben war einer von den»coolen Typen« und ziemlich gemein zu vielen Schülern. Das ließ mich vorsichtig sein und ich überlegte, was für einen Zettel ich da wohl unterschreiben sollte und bei was er mich dabeihaben wollte. Ich faltete das linierte Blatt auseinander und sah auf den ersten Blick einige der Namen meiner Freundinnen in ihrer Handschrift, zusammen mit einigen der beliebteren Jungs in meiner Klasse. Meine Augen wanderten vom unteren Ende nach oben, und da sah ich dann, wofür man unterschreiben sollte. Die Überschrift lautete:»Freunde mit gewissen Vorzügen.«[30] Ich merkte, wie mein Gesicht rot wurde, während ich schnell zu Ben blickte, um zu sehen, ob er es ernst meinte oder ob das einer seiner dummen Witze war. Er lächelte etwas und versuchte, mich zu überzeugen.»Komm schon, ist doch nur zum Spaß. Ganz ohne Bedingungen!«

In dem Moment fühlte ich mich in die Ecke gedrängt. Auf keinen Fall wollte ich meinen Namen auf dieses lächerliche Stück Papier setzen. Andererseits konnte ich jetzt schon fast den Druck der coolen Typen spüren. Ich drehte mich um und sah Ben in die Augen, während ich das Papier zerriss und sagte:»Ich hoffe, du weißt, dass du mich so etwas nie wieder fragst.« Dann drehte ich mich nach vorn und dachte: *Jetzt geht's los.*

Ich hatte schon während der letzten beiden Jahre gespürt, wie ich mich von meinen Freundinnen mehr und mehr zurückzog. Wir waren in der Mittelstufe alle noch eng befreundet gewesen und hatten größtenteils die gleichen Werte und Interessen gehabt. Etwa während der neunten Klasse bemerkte ich jedoch, dass unsere Fünfergruppe sich aufzulösen begann. Meine beste Freundin und ich blieben eng zusammen, während die anderen drei Mädchen Dinge ausprobierten, bei denen wir uns nicht wohlfühlten: Alkohol trinken, mit Jungs rummachen. Sie waren einfach anders. Die Namen dieser drei Mädchen waren auf dem Zettel gewesen, und ich wusste, Ben würde ihnen erzählen, dass ich ihrem absurden Spiel nicht zugestimmt hatte. Klar, dass ich am Ende des Tages »prüde« und »langweilig« genannt wurde. Eine meiner ehemaligen Freundinnen sagte mir sogar, dass ich verurteilend und zu strenggläubig sei. Meine Freundschaft mit diesen drei Mädchen war seit jenem Tag vorbei. Sie schlossen mich ganz von ihren Treffen aus, machten mich zur Zielscheibe ihrer Witze und erzählten den coolen Typen, dass ich nicht mehr ihre Freundin war. Dieser Tag war der Beginn von drei Monaten voller Gerüchte, Gemeinheiten und Isolation.

Ich fühlte mich so hin- und hergerissen! Ich fragte Gott, warum ich jemals »das Richtige« tun sollte, wenn dann das Ergebnis meines Gehorsams, der ihm doch wohl gefiel, so aussah. Es schien nicht so, dass es sich wirklich auszahlte, für das Gute einzustehen. Als ich eines Abends in meiner Bibel las, stach mir 1. Petrus 4,15-16 in die Augen: »Niemand soll leiden wegen Mord, Diebstahl, Unruhestiftung oder wegen Einmischung in fremde Angelegenheiten. Doch es ist keine Schande, dafür zu leiden, dass man Christ ist. Ihr sollt Gott vielmehr dafür loben, dass ihr zu Christus gehört!«

Jedes Mal, wenn ich früher diesen Vers gelesen hatte, schien er nichts mit meinem Leben zu tun zu haben. Was wusste ich schon vom Leiden? Aber an diesem Abend sprachen mich diese Verse direkt an, denn ich hatte in den letzten drei Monaten emotional wirklich sehr gelitten. Man leidet unter Verbrechen – ja, das ergab einen Sinn. Aber wenn jemand dir Kummer berei-

tet, weil du versuchst, Jesus nachzufolgen – dann ist das ein Zeichen, dass du etwas *richtig* machst! Und Gott lächelt dir von oben zu und ist voller Stolz, weil Menschen mit dem Finger auf dich zeigen und dich »Christ« nennen. Die Beschimpfungen werden nicht ewig andauern. Wir brauchen uns keineswegs schämen, wenn das Schimpfwort, das sie rufen, »Christ« ist.

Was hat Laura in 1. Petrus 4,15-16 über Gottes Herz erfahren? Dass er sich an uns freut, wenn wir zu ihm stehen. Auch wenn alle anderen denken, wir seien verrückt – Gott denkt das nicht, weil wir ihm nachfolgen und zu ihm gehören.

Wie hat diese Erkenntnis über Gott Laura verändert? Es hat bewirkt, dass es ihr weniger ausmacht, was andere über sie denken. Stattdessen konzentriert sie sich mehr darauf, was Gott gefällt, auch wenn sie das nicht besonders beliebt macht.

Wie hat diese Veränderung Laura dabei geholfen, das echte Leben zu erfahren? Laura begann, das Leben aus der Perspektive der Ewigkeit zu betrachten. Sie hatte eine Wahl: sich entweder darum zu kümmern, was andere ihr in diesem kurzen Leben nachsagen. Oder sich darum zu kümmern, was Gott auf ewig über sie sagen wird. Laura entschied sich, für Gott und nicht für ihre Mitschüler zu leben. Ich weiß nicht, wie es dir geht, aber wenn ich von diesem Gruppendruck und dem Druck, nach den Maßstäben von anderen zu leben, befreit werde, dann wird mir eine schwere Last von den Schultern genommen. Ich kann wieder atmen! Ich fühle mich frei!

Das ist das Leben pur, Mädels!

Vertiefende Gedanken

Lies mal die folgende Geschichte, die davon handelt, was die Bibel in unserem Leben bewirken kann und wie sie uns Leben schenkt.

 *Amanda*

Nachdem ich mein Studium beendet hatte, sah alles großartig für mich aus. Bereits ein paar Monate später wurde mir eine Stelle als Lehrerin angeboten. Meine beste Freundin bekam einen Job genau in derselben Stadt, und wir wollten eine WG gründen. Ich war verliebt in einen erstaunlichen Mann, der auch Christ war, und ich war sicher, dass Gott ihn in mein Leben gestellt hatte.

Aber sobald das neue Schuljahr begann, ging alles den Bach runter. Die Schule, an der ich unterrichtete, war extrem schwierig. Ich kam jeden Tag weinend nach Hause. Anstatt damit zu Gott zu gehen, begann ich jeden Abend vor meinem Freund am Telefon zu heulen, der zu der Zeit in einem anderen US-Bundesstaat wohnte. Ich begann alle meine Probleme bei ihm abzuladen, was nicht sehr gesund für unsere Beziehung war. Er war mir wichtiger als Gott, denn ich hatte das Gefühl, mein Freund könnte mich aus dieser Lage befreien. Ich fühlte mich allein in einer neuen Stadt mit wenigen Freunden und einem Beruf, der mich überforderte.

Schließlich kam das *Thanksgiving*-Wochenende, und ich hatte eine kleine, wohlverdiente Arbeitspause. Ich besuchte meinen Freund, und er fragte mich, ob ich ihn begleiten könnte, um einen Ring zu kaufen. Ich stimmte zu, denn ich wusste einfach, dass dieser Ring für mich sein sollte und mich aus meiner schlimmen Lage retten würde.

An Weihnachten bekam jemand diesen Ring. Aber dieser Jemand war nicht ich! Es war meine beste Freundin und WG-Mitbewohnerin. Ein paar Wochen später erhielt auch ich etwas: einen Anruf von meinem Freund, der unsere Beziehung beendete. Ich war wahrscheinlich am tiefsten Punkt meines Lebens angelangt. Ich hatte meine ganze Hoffnung auf eine Person

gesetzt, die mich fallen ließ. In dieser Zeit zeigte Gott mir dann, worauf ich meine Hoffnung setzen sollte – auf ihn.

Ich war völlig fertig, und Gott kam, um mich aufzurichten. Ich hatte meine Beziehung mit ihm so lange vernachlässigt. Bis heute habe ich den Eindruck, als ob Gott alles in meinem Leben weggenommen hätte, damit er mein Leben mit sich selbst wieder bereichern konnte. Als mein Herz so gebrochen war, begegnete mir Gott durch Worte aus Psalm 46.

Vers 6 hat mein Herz besonders angesprochen. Es heißt darin: »Gott wird sie jeden einzelnen Tag aufs Neue beschützen.« Ich habe das täglich und manchmal stündlich vor mich hingesagt. Egal, wie die Lage aussah, Gott würde mich da durchbringen, wenn ich mich auf ihn verließ. Er gab mir Kraft, um es durch das Schuljahr zu schaffen. Er half mir, dass ich mich für meine Mitbewohnerin freuen konnte, die bald heiraten wollte. Er gab mir Unterstützung durch einen Hauskreis, dem ich mich anschloss. Er ließ mich nicht fallen.

Was hat Amanda über Gottes Herz aus Psalm 46 gelernt?

_____

_____

_____

_____

Wie hat diese Erkenntnis über Gott Amanda verändert?

_____

_____

Wie hat diese Veränderung Amanda dabei geholfen, wahres Leben zu erfahren?

Langweilst du dich mit Gott? Dann nimm dir Zeit, sein Wort in dich »aufzusaugen«! Es wird dein Herz beschneiden und all die schlechten Teile entfernen, die dich davon abhalten, das wahre Leben zu erfahren, das Gott dir geben möchte. Und dann wende die Verse auf dein Leben an, wie es Laura und Amanda getan haben. Genau wie sie wirst du eine Nähe zu Gott spüren, die lebensverändernd ist.

Vielleicht denkst du jetzt immer noch: *Na gut, Jenna, aber mal ernsthaft. Die Bibel ist einfach so langweilig!* Ich glaube, dass Langeweile vom mangelnden Verstehen herrührt. Wenn du glaubst, dass die Bibel langweilig ist, dann verstehst du nicht ihre gewalti-

ge Geschichte. Im nächsten Kapitel werden wir versuchen zu verstehen, wie wunderschön ihre Geschichte ist, sodass du danach die Bibel vielleicht wirklich aufschlagen *willst*.

 ## Zusammenfassung

Warum wird uns mit Gott langweilig?

Wir verbringen nicht genug Zeit damit, uns ausführlich mit der Bibel zu beschäftigen und in ihre Wahrheit »einzutauchen«.

Wenn wir die Gründe für unsere Langeweile kennen, wie können wir uns dann mit Gott »entlangweilen«?

Wenn wir täglich in Gottes Wort lesen, dann beschneidet es die unschönen Stellen unseres Herzens, die uns im Weg stehen, um so zu leben, wie Gott sich das für uns vorstellt. Wenn wir Bibelverse auf unser Leben anwenden, dann werden wir eine lebendige, aktive und spannende Beziehung mit Gott haben.

Kapitel 8

Eine Geschichte, die gar nicht langweilig ist

Meine Lieblingsstelle bei einem Film oder einem guten Buch ist ein eindeutiges, fröhliches, hoffnungsvolles Happy End. Es ist der Moment, wenn man einfach ... lächeln muss. Erwischst du dich auch manchmal dabei? Es ist dieser Seufzer der Erleichterung während der letzten Töne der Filmmusik, wenn deine Augen mit Freudentränen gefüllt werden, oder während du dich dem letzten Kapitel deines Buches zuwendest. Du kannst dich mit den Darstellern identifizieren. Du bist mit ihnen durch die Wüste gegangen, du hast dich mit ihnen gefreut, als sie sich verliebte oder als er den vergrabenen Schatz fand, oder als sie beide Eltern wurden, oder als sie geheilt wurde, oder als er geheiratet hat ... Ich glaube, du weißt, was ich meine.

Wäre eine gute Geschichte gut, wenn es nicht ein ernsthaftes Problem zu bewältigen gäbe? Nein! Wir mögen es gern, wenn uns die Handlung mit den Darstellern einige Hürden überwinden lässt. Warum? Weil es das Happy End umso schöner macht! Wir können ein »Und sie lebten glücklich bis ans Ende« à la Disney nicht so schätzen, wenn es nicht eine böse Stiefmutter, eine Hexe oder einen furchterregenden Unterwasserkraken gab. (Falls du weißt, welche Disney-Schurkin ein Krake war, dann weißt du, welchen Disney-Film wir Kinder bei uns zu Hause am häufigsten sahen.)

Die Bibel *ist* eine solche Geschichte, sie ist die *großartigste* Geschichte überhaupt! Wenn wir also in ihr lesen, tauchen wir ein in ein Abenteuer, bei dem wir Gott entdecken, sodass wir mehr davon haben wollen. Die Bibel liefert uns Drama, Verrat, Spannung. Aber am meisten berichtet sie von der großartigsten Liebesgeschichte, die je erzählt wurde. Wer hat die Hauptrolle? Gott natürlich (und wir schließen Jesus und den Heiligen Geist in diese Rolle mit ein, denn sie sind alle eins). Und wer hat die Nebenrolle? Ein Trommelwirbel bitte ...

Du hast sie!

Und wer will nicht eine gute Liebesgeschichte lesen, besonders wenn man selbst der Geliebte ist? Wenn du dich mit Gott langweilst, dann hast du noch nicht die wunderschöne Liebesgeschichte der Bibel verstanden.

Geschichten sind die Sprache des Herzens.[31]

Brent Curtis und John Eldredge

Als wir kleine Mädchen waren, haben es die meisten von uns geliebt, nicht nur Geschichten zuzuhören, sondern sie auch nachzuspielen. Wir wollten selbst Teil der Geschichte sein. Und wenn wir mal ehrlich sind, dann würden wir zugeben, dass da immer noch etwas in uns ist, das sich danach sehnt, Teil einer schönen Romanze oder die Heldin in einem guten Drama zu sein. Ich glaube, diese Sehnsucht, in einer guten Geschichte mitzuspielen, weist auf etwas ganz tief in uns hin. Etwas in uns hofft, dass das Leben nicht nur eine zufällige Aneinanderreihung von Ereignissen ist, sondern Teil einer größeren Geschichte. Sonst hätten wir keinen Zweck hier auf der Erde zu erfüllen. Die Bibel zeigt uns, dass unser Leben kein Zufall ist: Es hat einen Sinn und eine Bedeutung. Wir sind auserwählte Rollen in einer ewigen Geschichte, die »Gott schon vor Anbeginn der Zeit zu weben begonnen und [die] er auch in unser Herz hineingelegt hat«.[32]

Im folgenden Absatz wirst du einen kleinen Einblick davon bekommen, wie die allumfassende Geschichte der Bibel in meinem Leben ausgesehen hat. Die Geschichte wird dir zeigen, wie das Evangelium von Jesus mein Leben verändert hat. Das »Evangelium« ist der Kernpunkt der Bibel. Die Geschichte, die ich geschrieben habe, gibt dir einen Eindruck davon, wie das Evangelium in unserem Herzen und in unserer Vorstellung zum Leben erwacht, wenn wir in Gottes Wort »eintauchen«. Unsere Geschichte wird Teil einer größeren Geschichte, wenn wir die Bibel lesen.

(Was du jetzt gleich liest, ist in »Jenna-Sprache« geschrieben, aber die Geschichte basiert auf der Bibel. Ich habe die Verse angegeben, die mich dazu inspiriert haben, sodass du dir Zeit nehmen kannst, sie nachzuschlagen.)

Ein Meisterwerk der Kunst

Die Geschichte beginnt in einer Nähstube.

Aber nicht in irgendeiner.

Es handelt sich um die himmlische Nähstube. Hier gestaltet Gott am liebsten.

An diesem Tag war die Nähstube überfüllt mit Flügeln der Engel, die sich zusammendrängten, um das neue Meisterwerk zu sehen.

»Ist es ein Sohn oder eine Tochter?«, fragte einer der Engel.

»Eine Tochter«, sagte Gott mit dem stolzen Lächeln eines Vaters.

Ein anderer Engel bemerkte, wie Gott den wichtigsten Teil dieser neuen Tochter zusammennähte – ihr Herz.

»Ooooh! Wie wird sie aussehen?« (Auf der Erde beantwortet man diese Frage zwar, indem man körperliche Attribute auflistet, aber im Himmel gibt man auf diese Frage Charaktereigen-

schaften an. Schließlich schaut Gott als Erstes das Herz an –
1. Samuel 16,7.)

»Nun, ich werde ihr ein Herz geben, das dem ihrer Mutter Denalyn ähnelt, sodass sie sensibel und mitfühlend ist. Und wie ihrem Vater Max werde ich ihr den Wunsch geben, anderen etwas über mich zu erzählen.« Während Gott diese Worte sprach, nähte er ihr Herz mit einem Stich nach dem anderen zusammen (Psalm 139,15).

»Und wie wird ihr irdischer Name lauten?«, fragte ein anderer Engel.

»Nun, lass es mich dir zeigen.« Gott streckte seine väterliche Hand mit der Innenseite nach oben aus, die groß genug war, um das Universum zu halten. Und auf dieser Handfläche waren die Namen aller seiner Kinder verzeichnet. Am Ende stand der Name »Jenna« (Jesaja 49,16).

»Ich kann es nicht abwarten, sie zu treffen! Und wie wird ihr Zelt aussehen?« (Im Himmel nennen die Engel den menschlichen Körper »Zelt«, denn sie wissen, dass die Menschen nur für eine gewisse Zeit Zeltplätze bewohnen, bis sie schließlich in ihr ewiges Zuhause kommen – 2. Korinther 5,4.)

»Oh, sie wird wunderbar werden, wie alle meine Kinder«, sagte Gott mit einem Seufzer der Zufriedenheit. »Schön und wunderbar gemacht; einzigartig auf ihre Weise. Welliges, goldbraunes Haar, mit mandelförmigen Augen. Ihre Ohren werden aussehen wie die ihrer Urgroßmutter Roberta. Und ihr Kinn wird dem ihres Großvaters Jack ähneln. Holt mal Roberta. Ich bin sicher, sie wird es liebend gern sehen, wie ich ihre Urenkelin in den Schoß ihrer eigenen Enkelin webe. Und wenn ihr schon losgeht, holt auch noch den Rest der Familie« (Psalm 139, 14-15).

So riefen die Engel Roberta und alle anderen Verwandten, die vor Jenna in das himmlische Zuhause gekommen waren. Dann kam der schönste Teil.

Und alle schauten zu.

Sie schauten zu, während Gott etwas tat, was er am besten kann: etwas zusammenfügen.

Er begann mit ihrem innersten Sein und webte ihre Seele. Dann arbeitete er sich weiter nach außen vor und nähte ihren Geist und ihre Körperhülle zusammen, mit einem Stich nach dem anderen – nach seinem Bilde (1. Mose 1,27).

»Fertig«, sagte Gott mit Freudentränen in seinen Augen. »Ist sie nicht wunderbar?«

Und die Engel beteten den Schöpfer an. Ein weiteres Kunstwerk. Ein weiteres Meisterwerk.

Aber es würde nicht lange dauern, bis Gottes Freudentränen sich in Tränen des Kummers verwandeln würden.

»Wir werden mal sehen, wie lange dieser Jubel andauert«, zischte der Engel der Finsternis.

Der Engel der Finsternis war vor langer Zeit von Gott abgefallen, und sein einziges Ziel war nun, Gottes Kunst zu zerstören. Schöpfungstage waren für ihn nichts anderes als eine Herausforderung – eine Herausforderung, das Kunstwerk von seinem Schöpfer abzulenken, seinen Faden aufzutrennen und ihn oder sie zerbrochen und beschämt zurückzulassen (Jesaja 14,12-14).

»Wenn ich Jenna Lügen zuflüstern und ihr erzählen kann, dass sie nichts wert ist, nicht schön oder bedeutend ist – wenn ich sie von ihrem Schöpfer ablenken kann, dann gehört sie mir.« Der Engel der Finsternis grinste bösartig und setzte seinen Plan in die Tat um.

Jenna drehte ihrem stolzen Papa bald den Rücken zu (Jesaja 53,6). Statt ihm wie früher Lieder auf ihrer Schaukel zu singen, lief sie lieber den neuesten Trends hinterher, himmelte weltliche Besitztümer an und vergötterte alles, das ihr Liebe und Aufmerksamkeit von Menschen verhieß, während sie ihren größten Fan vergaß. Und langsam begannen sich die Fäden, die sie zusammenhielten, aufzulösen.

Wie alle seine Kinder fing Jenna an, sich als Kunstwerk mit anderen zu vergleichen, statt einfach anzunehmen, dass sie ein Meisterwerk war. Sie verglich ihre Intelligenz, ihre sportlichen Fähigkeiten und ihren Körper mit anderen. Und weil sie ihre Kunst jetzt weniger schätzte, verriet Jenna sie – sie sah sich Filme im Kino und Fernsehen an, die ihre Augen verletzten, sie hörte sich Lieder an, die ihren Ohren schadeten, sie sagte Wörter, die ihre Zunge vergifteten, und dachte Gedanken, die ihren Geist verbittern ließen. Sie gab sogar Garn ihres eigenen Kunstwerkes weg und dachte, das helfe ihr, sich selbst wieder zu lieben. Doch stattdessen entwertete es sie nur noch mehr. Und langsam lösten sich die Fäden, die sie zusammenhielten, immer mehr auf.

Es schien, als würden die Pläne des Engels der Finsternis aufgehen.

»Warum?«, schrien die Engel zu Gott. »Warum weiß sie nicht, wozu du sie geschaffen hast? Warum sieht sie ihren Wert nicht?«

»Das ist das Werk des Engels der Finsternis«, sagte Gott.

»Warum lässt du zu, dass er sie anlügt?«, fragten die Engel, obwohl sie wussten, was Gott antworten würde.

»Ihr wisst, ich lasse meinem Meisterwerk die freie Wahl – meine Liebe zu erkennen und mich zu lieben oder meine Liebe zurückzuweisen. Gebt ihr Zeit, meine Engel. Sie kennt meine Liebe nicht, weil sie den Sohn nicht kennt« (Johannes 8,19).

»Aber hat sie denn nicht vom Sohn gehört?«, fragten die Engel.

»Ja, aber der Sohn kann sie nicht wieder zusammennähen, bis sie selbst sieht, dass ihre Fäden sich auflösen (Psalm 51,7). Jenna hat noch nicht bemerkt, wie zerrissen sie ist. Seid geduldig. Es dauert eine Weile, bis meine Kinder ihre Sünde sehen, und Jenna ist schon auf dem Weg. Der Engel der Finsternis hat sie sich der Welt zuwenden lassen, und die Welt hat sie aufgerieben. Aber sie wird sich bald an ihren Schöpfer erinnern.«

Es dauerte 17 Jahre.

17 Jahre, bis die Tochter sah, dass die Fäden, die ihr Herz zusammenhielten, sich aufgelöst hatten. Vielleicht war es in den Momenten passiert, in denen sie zu viel getrunken hatte. Vielleicht geschah es in dem Moment, als sie über ihre beste Freundin getratscht hatte. Vielleicht waren es die Momente, in denen sie ihre Eltern angelogen oder ihre Schwestern beschimpft hatte. Jenna schämte sich. Und dieses Gefühl löste die Herzensschnüre auf. Als Jenna merkte, wie sehr sie sich schämte, und als sie ihre losen Fäden sah, ihre verwickelten Knoten, ihr aufgelöstes Herz, bat sie schließlich den Sohn, sie neu zu machen (2. Korinther 5,17).

Und das tat er. Und wie er das tat! Er nähte sie wieder zusammen, dieses Mal mit neuem Garn – einem Garn, das von ihm selbst stammte.

Dieses Garn hat Farben, die Leben bringen, wie du es nie zu-vor gesehen hast (Johannes 10,10)! Dieses Garn ist so weich, dass es uns trösten kann (2. Korinther 1,3). Und der Friede! Oh, der Friede, den diese entwirrten Fäden bringen (Philipper 4, 6-7)! Und noch wichtiger: Dies sind die einzigen Fäden, die sich nicht auflösen können. Warum? Weil sie dem Sohn gehören, und der Sohn hält alle Fäden zusammen (Kolosser 1,17). Sicher, Jenna hat manchmal wieder einen Knoten verursacht oder sie hat etwas verdreht, und gerade heute, als sie vergessen hatte, wie sehr ihr Vater sie liebt, hat sie wieder einen Faden aufgelöst. (Das passiert oft.) Aber der Sohn sichert alle Fäden mit dem festen Versprechen, dass sich Jenna nie wieder wie früher auf-lösen wird (Johannes 10,28).

Was verbirgt sich hinter diesem Versprechen?

Gott liebte seine Kinder so sehr, dass er seinen einzigen Sohn schickte, um auf der Erde zu leben (Johannes 3,16). Sein Sohn lebte ein vollkommenes Leben, ohne Knoten und Verhedderungen, ohne lose Fäden. Er lebte das perfekte Leben, das Gottes Kinder jetzt noch nicht leben können. Aber er starb

den Tod, den eigentlich die verhedderten Leben verdient hätten.
Der Sohn wickelte sich selbst in die verdrehten Fäden der Sünde ein (Jesaja 53,6) – Fäden der sexuellen Unreinheit, Fäden der Selbstsucht, Fäden des Zorns und der Bitterkeit, Fäden von Betrug und Lüge, Fäden des Mordes und Ehebruchs –, und er trug sie. Er trug sie für uns am Kreuz, an dem er starb.

Aber warum? Warum musste der Sohn sterben?

Damit das Kunstwerk nicht sterben musste. Die Strafe für die Sünde ist der Tod (Römer 6,23). Der Sohn nahm die Strafe auf sich und überwand sie. Drei Tage, nachdem er am Kreuz gestorben war, stand er von den Toten auf.

Und als er auferstand, waren die Knoten der Welt und ihre verwirrten Fäden gelöst (1. Korinther 15,3-4). Als Jenna sah, wie zerrissen sie war, als sie ihre Fäden auf einem Haufen am Boden erblickte, wusste sie, welchen Namen sie anrufen musste. Und als sie das tat, wartete der Sohn schon. Er wartete darauf, ihr zu vergeben, sie zu lieben, in einer Beziehung mit ihr zu leben und sie zu einem Meisterwerk zu nähen, das noch schöner und neuer sein würde, als es vorher war (Römer 10,9-10).

»Weißt du, Herr«, meinte einer der Engel dazu, »ihr Kinn ähnelt vielleicht immer noch dem ihres Großvaters Jack und ihre Ohren mögen immer noch wie die von Urgroßmutter Roberta aussehen, aber ich muss sagen, dass ihr Herz mehr und mehr dem des Sohnes ähnelt!«

»Das ist die Schönheit meiner Liebe«, antwortete Gott mit Stolz, einem Stolz, der den Himmel erstrahlen ließ. »Wenn meine Tochter darauf vertraut, dass der Meister sie wieder zusammennähen kann, dann wird sie noch mehr als ein Meisterwerk der Kunst; sie wird das Kunstwerk des Meisters, zu dem ich sie berufen habe.«

Und dabei nahm der stolze Vater einen neuen Faden auf.

»Wen nähst du jetzt zusammen?«, fragte ein Engel voller Vorfreude.

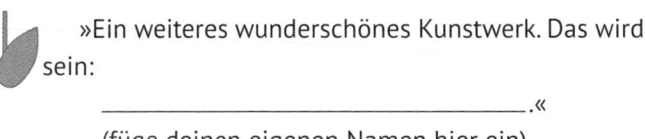

»Ein weiteres wunderschönes Kunstwerk. Das wird ihr Name sein:

_____.«

(füge deinen eigenen Namen hier ein)

Das ist das Evangelium. Die Bibel ist weit entfernt davon, langweilig zu sein. Es ist eine große Geschichte – eine Geschichte mit einem Bösewicht, einem Helden, einer Jungfrau in Nöten. Und je mehr wir diese Geschichte in uns aufnehmen, desto weniger langweilig wird unser Glaube. Du bist Teil dieser Ewigkeitsgeschichte! Ist das nicht cool, sich das vorzustellen? Es gibt deinem Leben einen Sinn, es gibt dir eine Identität und macht deinen Glauben so viel aufregender! Lass uns deine Rolle und Gottes Rolle in der Geschichte des Evangeliums näher ansehen:

* Du wurdest von einem perfekten Vater *geschaffen*. Gott hat die Sommersprossen auf deiner Nase entworfen, die Grübchen in deinen Wangen. Er weiß, wie viele Haare du auf deinem Kopf hast. Er kennt dich. Er liebt dich.
* Du hast dich vom Vater *abgewendet*. (Das ist nicht als Anschuldigung gemeint. Mir ging es ja auch so!) Da ist es egal, ob du dein ganzes Leben in eine Gemeinde gegangen bist und immer alle Regeln befolgt hast. Alles, was sich gegen Gottes Wünsche für unser Leben richtet, bedeutet schon, dass wir uns von ihm abwenden. Auch wenn es nur die Klage ist, morgens nicht aufstehen oder kein Shirt mit der Schwester teilen zu wollen. Oder wenn du abwertend über die Kleidung eines anderen Mädchens denkst. Wir *alle* haben gesündigt. Wir *alle* haben uns von Gott abgewendet. Einige Sünden mögen laut und offensichtlich sein. Andere sind vielleicht weniger auffallend und in dunklen Ecken versteckt.
* Deine Sünde *trennt* dich von Gott. Warum? Weil Gott ein guter, vollkommener und heiliger Gott ist – der auch gerecht ist.

Und weil er gerecht ist, muss er die falschen Dinge bestrafen. Das ergibt doch Sinn, oder? Wir würden doch nicht wollen, dass ein Richter zum Mörder sagt: »Denk nicht mehr drüber nach, Kumpel, genieß den Rest des Tages.« Nein! Wir wollen Gerechtigkeit sehen! Und wir haben einen Gott, bei dem es vor allem um Gerechtigkeit geht. Aber du weißt, was das heißt, oder? Das unser sündiges Selbst vor Gericht kommt. Die Strafe, die unsere Sünde nach sich zieht, ist der Tod (Römer 6,23). Ja. Du und ich sitzen in der Todeszelle.

Erinnerst du dich, was wir über die Schönheit eines Happy Ends herausgefunden haben? Dass ein Ende nicht erinnerungswürdig und spannend ist oder eine Gänsehaut verursacht, wenn nicht vorher ein Problem aufgetreten ist.

In dieser Geschichte sind wir weder Superheld noch Clown. Wir sind das Problem. Wir sind das Drama. Wir sind der Grund, warum das Ende dieser Geschichte so gut ist. (Denk mal daran zurück, wie unsere Herzen ohne Jesus aussehen. Das habe ich in Kapitel zwei beschrieben.)

Aber das Ende kann erst dann gut sein, wenn du dich selbst so siehst, wie du bist. Du musst einen Punkt erreichen, an dem du weißt, dass du nicht fehlerfrei bist. Du musst deine Sünde sehen. Du musst zugeben, dass du in der Klemme steckst.

Ich fing nicht eher an, mich mit Gott zu »entlangweilen«, bis ich verstanden hatte, was für eine hoffnungslose Figur ich in der Geschichte des Evangeliums spielte.

Warum fällt es dir schwer zu verstehen, dass du Gott brauchst? Falls du dich nicht verzweifelt nach einem Retter sehnst, woran könnte das liegen?

Keine Sorge. Ich lasse die Geschichte nicht offen. Um das Kapitel abzuschließen, lass uns die Geschichte zu Ende erzählen.

✽ Jesus ist *dein* Retter! Er bietet mehr an als Putzmittel, Eimer und Wischmopp, um uns zu reinigen und neu zu machen. Er bietet sich selbst an, um uns vor uns selbst zu retten. Und so sieht das dann aus: »Denn Gott machte Christus, der nie gesündigt hat, zum Opfer für unsere Sünden, damit wir durch ihn vor Gott gerechtfertigt werden können« (2. Korinther 5,21). Jesus hat unseren Platz eingenommen. Herzen wurden gegeneinander ausgetauscht! Er hat unser verschmutztes Herz genommen und uns dafür ein sauberes gegeben. Und er bittet uns nicht, unsere verkorksten Herzen zu entstauben oder sie abzusaugen. Nein. Er nimmt unser schmutziges Chaos, ohne irgendetwas dafür zu wollen. So viele von uns glauben, dass Gott uns vergibt, wenn wir uns selbst reinigen oder wenn wir jeden Sonntag in die Kirche gehen und unseren Eltern keine Widerworte geben. Aber es hat nichts mit dem zu tun, was *wir* tun, sondern es hat alles mit dem zu tun, was *Christus* tat!

❁ *Vertraue* Jesus. Glaube, dass der Tod von Jesus ausreicht, um dich zu reinigen und neu zu machen. Und weil er dich liebt, wird dir durch seine Gnade ewiges Leben versprochen. Lies mal den folgenden Vers: »Weil Gott so gnädig ist, hat er euch durch den Glauben gerettet. Und das ist nicht euer eigenes Verdienst; es ist ein Geschenk Gottes. Ihr werdet also nicht aufgrund eurer guten Taten gerettet, damit sich niemand etwas darauf einbilden kann« (Epheser 2,8-9).

❁ Du bist eine *neue* Schöpfung. Die Sünde bestimmt nicht länger, wer du bist! Wenn du Christus vertraust, dann macht *Jesus* dich aus. Er macht dich neu. Sicherlich machst du dann immer noch Dinge falsch, aber du tust dies nicht mehr als »Sünder«, sondern als eine »neue Schöpfung«, die sündige Tendenzen hat.

Also, das nenne ich ein Happy End!

Vertiefende Gedanken

Lies einige Beschreibungen, wie Gott dich sieht, und ein paar Namen, die Gott dir gibt, sobald du dein Herz Jesus gegeben hast. Ich habe das Gefühl, dass es dir viel besser mit deiner Rolle in dieser Geschichte gehen wird, nachdem du gelesen hast, was Gott aus dir durch Jesus gemacht hat.

Teuer bezahlt (1. Korinther 6,20)
Kind Gottes (Johannes 1,12)
Auserwähltes Eigentum (Maleachi 3,17)
Geliebte (2. Thessalonicher 2,13)
Erfüllt von Gott (Kolosser 2,10)
Ewig geliebt (Jeremia 31,3)

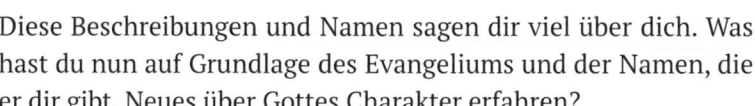

Diese Beschreibungen und Namen sagen dir viel über dich. Was hast du nun auf Grundlage des Evangeliums und der Namen, die er dir gibt, Neues über Gottes Charakter erfahren?

_____

_____

_____

_____

_____

_____

Jesus ist der Held in dieser Geschichte. Und wenn du dein Vertrauen nie auf diesen Helden gesetzt hast, um dich zu retten, dann ist jetzt die Zeit dazu. Du musst deinen neuen Glauben nicht erst einem Pastor bekennen oder ihn deshalb anrufen. Du kannst das jetzt in diesem Moment tun! Wenn du wissen willst, wie du Gott sagst, dass du ihm vertrauen willst, dann kannst du dieses Gebet sprechen:

Vater, ich habe viel falsch gemacht. Ich habe ein schmutziges Herz, das gründlich gesäubert werden muss. Ich glaube, dass Jesus auf diese Erde herabkam und am Kreuz für meine Sünden gestorben ist. Ich glaube, dass er der Sohn Gottes ist. Und weil ich das glaube, bitte ich dich, mich neu zu machen. Bitte vergib mir. Bitte, Jesus, komm in mein Herz und verändere mich. Hilf mir auf dieser neuen Reise mit dir. Danke, dass du mich so liebst, dass du für mich gestorben bist. Amen.

133

 ## Zusammenfassung

Warum wird uns mit Gott langweilig?

Wir verstehen nicht die Tiefe der Geschichte, wie wir sie in der Bibel lesen können. Die zentrale Geschichte in der Bibel ist das Evangelium. Und darin können wir erkennen, dass unser Leben kein Zufall ist, sondern Teil eines wunderschönen Dramas, das Gott sich von Anfang an überlegt hat.

Wenn wir die Gründe für unsere Langeweile kennen, wie können wir uns dann mit Gott »entlangweilen«?

Wir können mehr Zeit damit verbringen, die Geschichte der Bibel zu lesen und diese Geschichte auf unser Leben anzuwenden. Wir können Gott bitten, uns zu zeigen, wie verzweifelt unsere Rollenbesetzung einen Helden herbeisehnt. Dann kann unser Herz Gott mehr lieben und wertschätzen. Und wir können uns die Rolle und Persönlichkeit Gottes in dieser Geschichte näher ansehen. Je mehr wir davon verstehen, desto weniger langweilig wird uns sein.

Kapitel 9

Eine neue Postleitzahl

»Hey, Sie, ich war zuerst hier.«

»Es ist mir egal, ob sie zuerst hier waren. Meine Tochter ist schon seit Wochen krank.«

»Oh, wirklich? Dann versuchen Sie erst mal, mit einem Ehemann zu leben, der von unsichtbaren Mächten besessen ist!«

Eine Schlange von Menschen hatte sich um Simons Haus versammelt. Die Nachricht hatte die Runde gemacht. Jeder in der Stadt wollte diesen neuen Wunderheiler treffen. Es ging das Gerücht um, dass dieser neue Typ etwas früher am Tag einen stadtbekannten Verrückten von unsichtbaren Mächten befreit hatte. Jetzt war er wieder normal.

»Was ist mit ihm passiert?«, fragten die Stadtbewohner, als sie an dem ehemals Besessenen vorbeigingen. Sein Haar war auf einmal weich und nicht mehr verfilzt, seine Augen leuchteten, statt unruhig hin- und herzublicken, und seine Stimme war ruhig und nicht mehr schrill.

»Ich weiß nicht. Ich habe gehört, wie ein Typ namens Jesus irgendeinen Spruch für ihn aufgesagt hat.«

»Er soll ihn von unsichtbaren Mächten befreit haben.«

Ein Geflüster und Gemurmel erfüllte die Straßen, während die Menschen von Kapernaum den Namen Jesu schneller verbreiteten als Klatsch im Wirtshaus.

»Ich habe auch gehört, dass dieser Jesus in der Synagoge gelehrt hat, und es sind nicht alle eingeschlafen wie sonst bei Rabbi Benjamin.«

»Ha! Die sind nicht wie sonst weggedöst in der Synagoge? Das ist noch schwerer zu glauben, als dass der Typ Besessene von unsichtbaren Mächten befreien kann!«

Sein Lehren, seine Wunder, seine Autorität – Jesus war kaum einen ganzen Tag in Kapernaum gewesen, und schon hatte er einen Abdruck der Größe Gottes hinterlassen.

> Am Abend, nach Sonnenuntergang, brachten die Leute alle Kranken und alle Besessenen zu Jesus. Die ganze Stadt hatte sich vor dem Haus versammelt. Jesus heilte viele Menschen von allen möglichen Krankheiten und trieb viele böse Geister aus.
>
> *Markus 1,32-34 (GNB)*

Wo wir gerade von plötzlicher Bekanntheit reden! Jesus brauchte nur ein paar Stunden, um der Dreh- und Angelpunkt der Stadt zu sein, sodass die Menschen sich wortwörtlich anstellten, um ihn zu treffen.

Sie wussten, dass Jesus etwas hatte, das sie nicht kannten. Eine Kraft, die sie nie zuvor gesehen hatten, eine Botschaft, die sie noch nie gehört hatten. Wenn Jesus sprach, dann bekamen die Leute eine Gänsehaut, Tränen liefen ihnen über die Wangen und ein Lächeln breitete sich über den Gesichtern aus.

»Markus wollte, dass wir wissen, ... dass Jesus die Menschen ständig mit einer Mischung von Erstaunen, Ehrfurcht und Furcht erfüllte durch das, was er sagte und tat«, schreibt Donald English.[33]

Sieh dir die Reaktionen der Stadtbewohner in den folgenden Versen an.

> Staunen erfasste die Zuschauer, und sie redeten untereinander darüber. »Was ist das für eine neue Lehre, die so viel Vollmacht hat?«, fragten sie einander aufgeregt.
>
> *Markus 1,27*

Sie waren von seiner Lehre überwältigt, denn er sprach – anders als die Schriftgelehrten – mit Vollmacht.

Markus 1,22

Jesus lehrte auf eine Art, die nicht langweilig war! Es war ein Lehrstil, den sie nie zuvor gehört hatten. Was sagte er ihnen? Wir werden es nie ganz genau erfahren, aber wir wissen, dass es etwas mit dem Reich Gottes zu tun hatte (vgl. Markus 1,15). »Jesus predigte die Gute Botschaft vom Königreich Gottes. Er erzählte den Menschen, dass die Welt ... der Ort war, an dem Gott uns retten würde, wo jeder eine von Gott geliebte Person war, die von ihm für die großartigsten Ziele auserwählt war.«[34]

Beschreibe, wie die Menschen auf Jesus reagierten. Verwende dazu einige der Adjektive aus dem ersten Kapitel des Markusevangeliums.

_____

_____

_____

_____

_____

Enthält deine Antwort das Wort »gelangweilt«?

Meine nicht. Die Bibel sagt, dass diese Menschen »erstaunt«, »aufgeregt« und »überwältigt« waren. Diese Menschen hatten etwas Süßes gekostet, und sie wollten mehr davon.

Warum hatten diese Menschen und so viele andere in der Bibel deines Erachtens so viel Ehrfurcht vor Jesus? Sicherlich, er hatte vor ihnen ein Wunder vollbracht, aber es war noch mehr als

das. Wer er war, was er sagte, das Leben, das er lebte, berührte die Menschen direkt in ihren Herzen. Diese Menschen hörten eine Botschaft und sahen einen Mann, der in ihrem tiefsten Innern etwas Alarmierendes ausgelöst hatte. Etwas an ihm war anders. Er hatte etwas, das ihre Herzen wollten. Was wollten ihre Herzen? Eine neue Postleitzahl.

Eine neue Postleitzahl

Wenn du schon mal umgezogen bist, dann weißt du, dass hauptsächlich zwei Dinge passieren. Erstens: Du ziehst in eine neue Umgebung, die Nachbarschaft ist anders, die Menschen und die Gewohnheiten sind anders. Neue Gerüche, neue Ausblicke, eine neue Art, Dinge zu tun. Zweitens: Du ziehst in ein neues Zuhause. Dieses Zuhause könnte ein Haus, eine Wohnung oder eine Doppelhaushälfte sein. Vielleicht geht mit diesem neuen Zuhause auch eine neue Familienkonstellation einher. Vielleicht haben sich deine Eltern scheiden lassen oder deine Großmutter ist mit eingezogen. Als Jesus kam, bot er den Menschen die Chance umzuziehen – sie konnten aus dem momentanen Königreich in ein neues ziehen.

Es gibt zwei Königreiche: das, in welchem Menschen, Besitz und im Wesentlichen die Welt dein Herz regieren; und dann das Königreich, von dem Jesus gepredigt hat – das, in welchem Gott dein Herz regiert.

Jesu Botschaft damals und heute ist dieselbe:»›Jetzt ist die Zeit gekommen‹, verkündete er. ›Das Reich Gottes ist nahe! Kehrt euch ab von euren Sünden und glaubt an diese gute Botschaft!‹« (Markus 1,15).

(König-)Reich Gottes? Das klingt seltsam, oder? Um dir zu helfen, das zu verstehen, folgt hier eine kurze Erklärung über dieses neue Leben im Königreich. (Auf einfache Weise wird hier das neue Königreich beschrieben. Der Text stammt von einer Gruppe, die Kindern mit einfachen Worten den Glauben an Gott erklären will. Lies dir die Beschreibung mal durch. Ich denke, sie wird dir gefallen.)

»Unser Vater im Himmel, dein Name werde geehrt. Dein *Reich* komme bald. Dein Wille erfülle sich hier auf der Erde genauso wie im Himmel« (Matthäus 6,9-10; Hervorhebung der Autorin). Okay, ich will dich nicht langweilen, aber um diese Verse zu verstehen, lass uns mal ein wenig die Sprache untersuchen. Du kannst das in der deutschen Übersetzung nicht sehen, aber im Originaltext hat Jesus wirklich einen interessanten sprachlichen Kniff verwendet. Er hat etwas benutzt, das wir Parallelismus nennen.

Parallelismus heißt, dass man dasselbe zweimal sagt, aber verschiedene Wörter benutzt. Jesus sagte:»Dein Reich komme = Dein Wille erfülle sich.« Im Grunde sind hier jemandes Wille und Reich miteinander verbunden. Gottes Wille und Gottes Reich gehören zusammen.

Jesu Botschaft war:»Ich bringe Gottes Art und Weise, etwas zu tun, in eine Welt, in der die Dinge furchtbar schiefgelaufen sind. Jetzt bereitet Gott den Weg dafür vor.«

Jesus war im Grunde selbst das wandelnde Beispiel dafür, wie Gottes Reich aussehen würde. Indem er ein makelloses Leben lebte, verdeutlichte er:»Wenn du wissen willst, wie Gott aussieht, dann sieh mich an. Wenn du sehen willst, wie Gottes Reich aussieht, dann beobachte mich.«[35]

Wenn du in Gottes Reich umziehst, ist das ungefähr so, wie wenn du in eine neue Stadt ziehst und sich die Umgebung verändert: Du lernst eine ganz neue Art zu leben kennen. Im Leben dieses Reichs regiert Gott dein Herz. Wenn Gott dein Herz regiert, dann lebst du auf die Art und Weise, wie er es möchte. Wie können wir wissen, wie wir leben sollen? Indem wir uns Jesus ansehen

und das, was die Bibel sagt. Wenn wir Königstöchter sind, dann versuchen wir, so wie Jesus zu leben, und benutzen die Bibel als unseren Leitfaden. Ich glaube, es ist jetzt mal wieder Zeit, darüber noch mal ein wenig intensiver nachzudenken.

Schreib auf, wie eine »Tochter des Königreichs« lebt. Gib ein paar Beispiele, wie deine tägliche Umgebung aussehen würde, wenn du die Postleitzahlen ändertest und in Gottes Reich einzögest. Um dir zu helfen, gebe ich dir einige Beispiele aus Jesu Leben. Nachdem du die Verse gelesen hast, schreib auf, wie du sein Verhalten in deinem Leben nachahmen kannst.

Als nun aber einige der Schriftgelehrten, die zu den Pharisäern gehörten, sahen, dass Jesus mit diesen Leuten aß, sagten sie zu seinen Jüngern: »Warum isst er mit diesem Abschaum?«

Markus 2,16

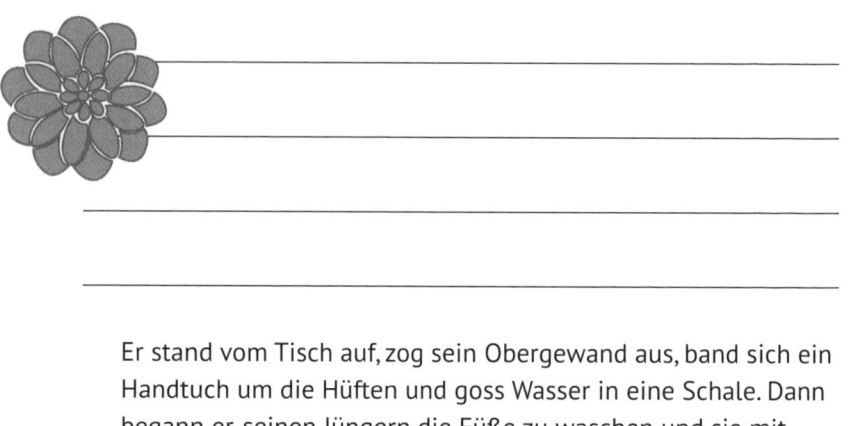

Er stand vom Tisch auf, zog sein Obergewand aus, band sich ein Handtuch um die Hüften und goss Wasser in eine Schale. Dann begann er, seinen Jüngern die Füße zu waschen und sie mit dem Handtuch abzutrocknen, das er sich umgebunden hatte.

Johannes 13,4-5

_____

_____

Dann stieg er allein in die Berge hinauf, um dort zu beten.

Matthäus 14,23

_____

_____

_____

_____

Ich will damit nicht sagen, dass du dir ein Handtuch um die Hüfte binden sollst, einen Hügel finden musst, um zu beten, oder einen Steuerbeamten suchen sollst, um mit ihm Abendbrot zu essen. Darum geht es nicht in diesen Versen. Wenn wir über Jesus reden, dann schauen wir nicht nur auf das, was er tut, sondern wir schauen uns auch die Herzenshaltung an, die hinter diesen Handlungen steht.

Wir sehen in diesen Versen ein dienendes Herz, ein Herz für die Leidenden, ein Herz, das sich nah an Gott hält. Das sind nur einige wenige Beispiele dafür, wie das Leben in Gottes Reich aussieht. Es bedeutet, mit einem Herzen zu leben, das Jesu Herz nachahmt. Und eins kann ich dir sagen: So zu leben ist *nicht* langweilig! Wenn wir uns Jesus ansehen, sehen wir dann etwa einen unsicheren Mann, der den Leuten gefallen will, sich nur um materialistische Dinge kümmert oder ein chaotisches Leben lebt? Nein! Wir sehen den Inbegriff von Freude, Frieden und Liebe. Wir sehen ein Leben, nach welchem wir uns aus tiefstem Her-

zen sehnen. Und du kannst es auch haben, wenn du diese neue Postleitzahl wählst. In dieser neuen Umgebung ahmt man Jesus nach. Ein weiterer Leitfaden zu diesem neuen Leben findet sich in Gottes Wort.

Ein Rezept lesen

Wenn ich Abendessen koche, dann suche ich gewöhnlich ein Rezept aus, lese es durch und folge den Anweisungen. Was würde passieren, wenn ich das Rezept lese und den Anweisungen nicht folge? *Mensch, Jenna, du wärst immer noch hungrig.* Richtig! Warum wenden wir also diese einfache Methode nicht auch dann an, wenn wir die Bibel lesen?

Wir können in die Bibel »eintauchen«, Verse auswendig lernen, unsere Lieblingsabschnitte einkreisen und markieren. Aber wenn es dann darum geht, zu *tun*, was die Bibel sagt ... nun ... dann sieht die Sache anders aus. Wollen wir wirklich von Gott erfüllt sein, seine Güte schmecken und erleben, wie er unseren langweiligen Glauben verändert? Wenn du nicht völlig begeistert bist von Gott, dann möchte ich dir jetzt eine Frage stellen: Liest du die Bibel *und* tust du, was sie sagt? Denn wenn wir nicht die Bibel lesen *und* ihren Anweisungen folgen, bekommen wir keinen Geschmack davon, worum es in diesem neuen, beeindruckenden Königreich eigentlich geht.

In Jakobus 1,22 steht: »Aber es reicht nicht, nur auf die Botschaft zu hören – ihr müsst auch danach *handeln*! Sonst *betrügt* ihr euch nur selbst« (Hervorhebung der Autorin). Warum glaubst du, betrügst du dich selbst, wenn du nicht tust, was die Bibel sagt?

Mir gefällt es, wie John Stott das auf den Punkt bringt. Er sagt: »Wir betrügen uns selbst, wenn wir einen Teil für das Ganze halten.«[36] Das Wort Gottes zu lesen oder zu hören ist also nur ein Teil des Ganzen.

Viele Menschen glauben, sich an die Bibel zu halten oder Christ zu sein sei das Gleiche, wie eine Liste mit Regeln abzuhaken.

Schummle nicht. Erledigt.

Sei nicht neidisch. Erledigt.

Begehre nicht. Erledigt.

Ging es dir schon mal ähnlich?

Schmutzige Schüsseln

Stell dir mal vor, ich würde dich heute Abend zum Essen einladen. Auf dem Speiseplan steht Suppe. Ich stelle einige Schüsseln auf den Tisch und sage dir, dass du dich bedienen sollst. Als du dir eine Schüssel nimmst, siehst du, dass sie innen dreckig ist.

»Oh, Jenna, ich glaube, diese Schüssel ist nicht sauber. Da kleben irgendwie noch Essensreste drin«, sagst du zu mir, während du mir die sichtbaren Spuren zeigst.

»Ach, keine Sorge! Schau dir doch mal das Äußere an. Siehst du? Das ist glänzend sauber!«, antworte ich, ohne mit der Wimper zu zucken.

Eklig wäre das! In diesem Fall ist doch das Innere wichtig, oder?!

Jesus sagte zu einer Gruppe von Pharisäern, dass sie wie dreckige Schüsseln am Abendbrottisch seien.

Euch Schriftgelehrten und Pharisäern wird es schlimm ergehen. Ihr Heuchler! Sorgfältig achtet ihr darauf, dass eure Tassen und Teller nach außen sauber sind, doch innerlich seid ihr durch und durch verdorben – voller Missgunst und Maßlosigkeit! Ihr blinden Pharisäer! Wascht erst einmal die Tasse von innen aus; das Äußere wird dann von selbst sauber.

Matthäus 23,25-26

Du hast vielleicht schon von den Pharisäern gehört. Sie waren zu Jesu Zeiten die religiösen Anführer, und es ging ihnen vor allem darum, die Regeln Gottes perfekt zu befolgen und die Leute wissen zu lassen, wie vollkommen sie waren. Sie hatten für jede Minute des Tages eine Regel – was man essen sollte, welche Kleidung man tragen und wie man seine Hände waschen sollte. Sie lebten das Leben genau entgegengesetzt zu dem, was Jesus lehrte. Für sie »stand an erster Stelle die Forderung nach äußerem Gehorsam und Gerechtigkeit, und sie verwiesen auf die Gotteskindschaft als Ziel. Das Evangelium beginnt jedoch mit dem freien Geschenk der Vergebung durch den Glauben und der Gotteskindschaft, während das Ziel Gehorsam und Gerechtigkeit sind«.[37]

Welche Bedeutung hat wohl dieser Vergleich von dem Geschirr, das außen sauber und innen dreckig ist, für unser Leben mit Gott?

Warum langweilen wir uns mit Gott? Weil wir uns darauf konzentrieren, gute Werke zu tun, äußerlich fromm zu wirken und auf unserer To-do-Liste für Gott einen Punkt nach dem nächsten abzuhaken. Dann ist der Gehorsam gegenüber Gott eine langweilige Pflicht. Aber wenn wir Jesus unsere Herzen verändern lassen, dann wird der Gehorsam gegenüber Gott immer mehr zu einem Wunsch, anstatt nur eine Pflicht zu sein. Wie eine Königstochter zu leben wird dann, wie Dwight Edwards es nennt, ein »Wollen« statt ein »Sollen«. Und ist ein »Wollen« nicht viel angenehmer als ein »Sollen«?[38]

Werde ehrlich, wenn es um dein Herz geht. Bist du manchmal eher ein Pharisäer? Hast du einen Glauben, der sich darauf konzentriert, all die »christlichen Regeln« einzuhalten, weil du es tun *solltest*, anstatt es zu *wollen*? Gott möchte unsere Herzen gewinnen, nicht nur unsere guten Taten.

Gott möchte unsere Herzen, nicht nur unsere guten Taten.

Unsere guten Taten sind »weich wie Wachs« für ihn (Jesaja 64,6). In diesem neuen Reich Gottes sollen wir ein Leben führen, das immer mehr dem Leben von Jesus entspricht.

Wir sollen mit einem veränderten Herzen leben, das Jesus liebt.

Von der Pflicht zum Wunsch

Als Kinder mussten meine Schwestern und ich öfter beim Tisch-abräumen und Abwaschen helfen. Unsere Mutter kochte, und unser Vater und wir räumten hinterher auf. Ich mochte Abwaschen überhaupt nicht! Ich fand es eine völlig langweilige Aufgabe. Doch je älter ich wurde und je mehr ich die Liebe und die Einsatzbereitschaft meiner Mutter verstand, desto mehr *wollte* ich den Abwasch übernehmen. Ich tat es irgendwann aus Dankbarkeit und Liebe für sie.

Mit meinem Glauben war es ähnlich. Ich verstand zum Beispiel nie, warum ich mit meinem Freund nicht einfach tun konnte, was ich wollte. Es war eine Pflicht für mich, rein zu bleiben und nicht »zu weit« zu gehen. Es ging darum, die Regeln einzuhalten, also gewisse körperliche Grenzen nicht zu überschreiten. Wie weit konnte ich gehen, bevor es zu weit war? Aber je mehr Zeit ich mit Jesus verbrachte – die Bibel kennenlernte, sein Leben, was er für mich am Kreuz tat –, desto mehr liebte ich ihn als Freund und desto mehr *wollte* ich rein bleiben, aus Dankbarkeit ihm gegenüber und weil ich ihm vertraute.

Langweilst du dich mit Gott? Hast du Jesus schon so kennengelernt, dass deine Liebe für ihn und dein Vertrauen in ihn so stark sind, dass du ihm nachfolgen *willst*? Dass du ihn die erste Priorität in deinem Leben sein lassen *willst*? Wenn nicht, was hält dich davon ab, Jesus auf diese Weise kennenzulernen?

Ein neues Zuhause

Wir haben viel über die neue Umgebung in diesem neuen Königreich nachgedacht. Die Umgebung ist davon geprägt, dass Menschen Gott gehorchen und aus Liebe für ihn leben. Ich hatte vorhin schon gesagt, dass wir beim Umzug nicht nur eine neue Umgebung, sondern auch ein neues Zuhause erhalten. Zum Abschluss dieses Kapitels will ich dir von diesem neuen Zuhause in Gottes Königreich erzählen.

Ich weiß nicht, wie dein Zuhause gerade aussieht. Vielleicht kommst du aus einem nicht mehr intakten Zuhause. Vielleicht ist dein Vater ausgezogen oder deine Mutter ist krank. Vielleicht lebst du ständig im Wettkampf und Streit mit deinen Geschwistern. Vielleicht kennst du deine Eltern nicht oder ein Elternteil ist gestorben. Vielleicht seid ihr wohlhabend. Vielleicht kommt ihr kaum über die Runden. Vielleicht ist dein Zuhause glücklich, vielleicht ist es traurig. Was immer du für ein Zuhause hast, lass dir gesagt sein, dass das neue Zuhause im Königreich Gottes immer einladend, immer liebevoll, immer friedlich ist und immer für das einsteht, was richtig ist; es ist immer positiv, verändert sich nicht und bricht nie auseinander.

Es ist ein Zuhause, das in deinem Herzen beginnt. Jesus ist das Fundament dieses Zuhauses. Mit ihm kann dich nichts erschüttern. Egal, was für ein Sturm bei euch weht oder welch harte Zeiten du erlebst, seine Liebe bleibt beständig. Gott verspricht dir, hinter dir zu stehen und vor dir herzugehen (Jesaja 52,12). Er hat eine Schutzhecke um dich errichtet. Er schenkt dir Zuflucht unter dem Schatten seiner Flügel (Psalm 17,8). Der Heilige Geist füllt dieses Zuhause aus – nicht mit Möbeln und Bilderrahmen, sondern mit Frieden, Liebe, Freude, Freundlichkeit, Sanftmut, Geduld, Güte, Treue und Selbstbeherrschung. Es ist ein perfektes Zuhause. Und Gott wird deine perfekte Familie. Er ist der Vater, der nie die Beherrschung verliert, die Mutter, die dich immer

tröstet, die Schwester, der du dich anvertrauen kannst, der Bruder, der dich beschützt. In diesem neuen Königreich findet dein Herz schließlich das Zuhause, das es immer gewollt hat.

Ich wünsche dir, dass Jesus dich so begeistert, wie er die Menschen in Kapernaum begeistert hat. Möge die Botschaft von dem neuen Leben, von dem Leben in Gottes Königreich, dir fröhliche Schauer über den Rücken jagen. Mögest du von dem Gedanken, dass Gott dir ein neues Zuhause bei ihm gibt, ergriffen werden. Und möge doch der Gedanke an ein Leben, das sich nach dem Schöpfer des Lebens richtet, ein Lächeln auf dein Gesicht zaubern.

Wer aber ständig auf das vollkommene Gesetz Gottes achtet – das Gesetz, das uns frei macht – und befolgt, was es sagt, und nicht vergisst, was er gehört hat, den wird Gott segnen.

Jakobus 1,25

Vertiefende Gedanken

Im obigen Vers lesen wir, dass Jakobus vom »Gesetz« – ein anderes Wort für Gottes Gebote – als »Gesetz der Freiheit« spricht. Freiheit? Wie können Regeln befreiend sein? Widerspricht sich das nicht? Zuvor hatten wir darüber nachgedacht, wie Gottes Regeln im neuen Königreich von der Pflicht zum Wunsch werden können. Sobald du anfängst, in deinem Leben Gott gegenüber gehorsam zu sein, wirst du erkennen, dass seine Art zu leben Leben in Freiheit bedeutet und nicht ein Leben, in dem du in lauter Regeln gefangen bist.

Ich habe früher die Regeln meiner Eltern gehasst! Sie verboten mir, bestimmte Filme zu sehen, mich mit bestimmten Leuten abzugeben und bestimmte Kleidung zu tragen. Ich versuchte, ihre Regeln zu brechen. Jedes Mal, wenn ich das tat, glaubte ich, ein wenig von der mir ersehnten Freiheit zu erfahren. Doch das passierte nicht. Ich dachte, ich würde mich besser fühlen. Doch nichts davon geschah. Im Nachhinein muss ich sagen: Die Regeln meiner Eltern zu brechen hat mir nichts gebracht, außer dass ich mich an eine Leine gebunden fühlte.

Leine? Wie meinst du das?

Nun, ich fühlte mich an die dunklen Seiten meiner Person gebunden.

Ich erinnere mich zum Beispiel, dass ich meine Eltern einmal anlog, als es darum ging, welchen Film ich im Kino sah. Sie dachten, ich würde in einen Film gehen, der ab 12 freigegeben war, aber in Wahrheit sah ich einen Horrorfilm, der erst ab 18 zugelassen war. Ich hatte nicht geahnt, dass meine Gedanken nach dem Film – nachdem ich die derbe Sprache gehört und die furchterregenden Szenen gesehen hatte – mit dunklen Bildern und Ängsten erfüllt sein würden, wie ich sie nie zuvor gehabt hatte. Es waren neue Szenarien, die ich nicht für möglich gehalten hatte. Ich fühlte mich an dunkle Gedanken gebunden. *Das war die erste Leine.*

Während der neunten Klasse erzählte ich meinen Eltern, ich würde zu einer harmlosen Geburtstagsparty gehen, während ich in Wahrheit die Nacht im Haus meiner Freundin verbrachte, die eine Riesenparty gab. Ich war umgeben von Leuten, die mich dazu drängten, Alkohol zu trinken. Also griff ich zu. Ich war umgeben von Mädchen, die ihre Beliebtheit nach dem Brechen von Regeln definierten, die extrem enge Kleidung trugen und nach Jungs Ausschau hielten, mit denen sie »rummachen« konnten. Ich versuchte, mich anzupassen, um an Ansehen zu gewinnen. Und als ich mehr Aufmerksamkeit erhielt, nachdem ich Alkohol trank, redete und mich anzog wie sie, wollte ich mehr. Ich war an diese Beliebtheit gebunden, an eine weitere dunkle Seite meines Herzens. *Das war die zweite Leine.*

Siehst du, wie das läuft?

Ich hatte immer geglaubt, die Regeln meiner Eltern seien dumm, wertlos und erdrückend. Wenn ich sie also bräche, dann würde ich mich freier fühlen, richtig? Falsch. Ich musste feststellen: Jedes Mal, wenn ich meinen Eltern nicht gehorchte, wurde mein Herz immer mehr gebunden – gebunden an Beliebtheit, an mein Aussehen, an meine dunklen und beängstigenden Gedanken. Im Nachhinein verstehe ich, dass die Regeln meiner Eltern in Wahrheit mein Herz davor bewahren sollten, sich an die Dinge dieser Welt zu binden!

Gott hat als dein himmlischer Vater auch Regeln. Wir finden seine Regeln in der Bibel. Aber diese Regeln sollen uns nicht erdrücken, sondern uns so formen, dass wir ihm immer ähnlicher werden. Und wenn wir wie er leben, finden wir Freiheit und Leben wie nie zuvor!

Hast du auch schon Regeln gebrochen, weil du dir ein Gefühl von Freiheit erhofftest? Hast du dich dann stattdessen noch gebundener gefühlt? Schreib es hier auf.

_____

_____

_____

_____

_____

Lass uns beten:

Gott, bitte gib mir die Kraft, um in diesem neuen Königreich zu leben. Nimm Raum in meinem Herzen ein und lass mich dir ähnlicher werden. Auf diese Weise werde ich das Leben kennenlernen, das nicht langweilig ist und zu dem du mich durch den Glauben an Jesus berufen hast. Danke für dein Königreich. Danke für deine Gesetze der Freiheit. Amen.

 ## Zusammenfassung

Warum wird uns mit Gott langweilig?

Wir leben in einem Ort mit der falschen Postleitzahl. Wir konzentrieren uns zu sehr auf das Äußere – auf das Befolgen der Regeln. Wir lieben Jesus nicht so, dass für ihn leben ein Genuss statt eine Pflicht ist.

Wenn wir die Gründe für unsere Langeweile kennen, wie können wir uns dann mit Gott »entlangweilen«?

Wir fangen an, Jesus als engeren Freund kennenzulernen, sodass unsere Herzen so leben wollen, wie es Gottes neues Reich verheißt. Wenn wir in diesem Ort mit der neuen Postleitzahl wohnen, leben wir das befreiende Leben, für das Gott uns geschaffen hat. Wir versuchen, ein Leben wie Jesus zu leben. Und Jesu Leben war *nicht* langweilig!

Kapitel 10

Fürs Beten beten

Ich kenne Emma und Melanie nun schon eine ganze Weile. Sie waren beste Freundinnen; sie hingen wie Zwillinge aneinander. Aber seit Kurzem ist Melanie wegen Emma frustriert. Emma war in letzter Zeit so distanziert, und Melanie ist verwirrt.

Was Melanie nicht wusste: Emma hielt es nicht länger aus. Jedes Mal, wenn sie Zeit miteinander verbrachten, schien es, als ob Melanie immer über die gleichen Probleme lamentierte. Jedes Mal, wenn Emma ihr einen Ratschlag gab, schlug Melanie ihn in den Wind.

Es war so: Melanie ließ sich immer wieder auf Jungs ein, die ihrer nicht würdig waren. Weißt du, was ich damit meine? Meist ist es ja so, dass Mädchen gewisse Ansprüche haben, wenn sie sich mit Jungs treffen. Wenn man diese Ansprüche jedoch in den Wind schlägt und sich mit jemandem einlässt, der einem nicht guttut und alles andere als ein Traumtyp ist, dann kann das ziemlich böse enden. Melanie hatte sich tief herabgelassen und war mit völlig unreifen Jungs zusammen. Jedes Mal, wenn sie verletzt wurde, rannte sie zu Emma, um sich Rat zu holen. Jedes Mal erinnerte Emma sie daran, dass diese Jungs nicht gut für sie seien, doch Melanie nahm diese Ratschläge nie an.

In diesen Momenten war Melanie einfach nicht offen für die Meinung anderer. Sie wollte sie nicht hören. Denn Hinhören zeigt einem oft, das etwas falsch läuft, und das führt dann häufig zu Veränderung. Doch so sehr diese Jungs sie auch verletzten: Melanie wollte lieber Aufmerksamkeit, als etwas zu ändern. Wir

alle haben in unserer Beziehung mit Gott eine kleine »Melanie« in uns, besonders, wenn es um dieses Wort geht, das wir in diesem Kapitel genauer betrachten wollen: *Gebet*.

Häufig machen wir aus Gott eine Art Emma. Jedes Mal, wenn wir ein Problem haben, rennen wir zu Gott, aber wir hören nicht wirklich zu und nehmen seinen Ratschlag nicht an. Das ist genauso wie bei Melanie – sie war auch nicht bereit, Emma zuzuhören. Unser Gebet sollte nicht wie bei Melanie aussehen. Bei ihr ist es eine Einbahnstraße. Sie will reden, aber sie weigert sich, zuzuhören.

Das Gebet besteht aus zwei Stimmen: deiner und Gottes. Es ist wichtig, im Gebet nicht nur zu Gott zu sprechen, sondern auch auf ihn zu hören.

Manchmal denke ich, Gott muss es so leid sein, dass ich immer und immer wieder wegen des gleichen Problems zu ihm komme. Aber er wird seine Kinder *nie* leid. Dazu liebt er uns zu sehr. Gott wird nie genug von dir haben, so wie Emma irgendwann genug von Melanie hatte. Aber um so zu beten, wie Gott sich das vorgestellt hat, ist es wichtig zu untersuchen, wie wir zu Gott beten.

Warum wird uns mit Gott langweilig? Weil wir nicht wissen, wie wir beten und wie wir das Gebet in unseren Alltag integrieren sollen.

Wenn wir so beten, wie es uns die Bibel lehrt, dann werden wir eine enge Beziehung zu Gott entwickeln, die unsere gelangweilten Herzen aufrüttelt. Also, lass uns über die Probleme reden, die wir mit dem Gebet haben, und dann darüber nachdenken, wie Gebet aussehen soll.

Wie sollte Gebet aussehen?

Häufig denken wir, Gebet bestehe darin, sich immer wieder bei Gott über Probleme auszuheulen, statt sich Zeit zu nehmen zu hören, was er dazu zu sagen hat. Oft hören wir auch nicht zu, weil wir glauben, wir könnten ihn eh nicht hören, oder weil wir Angst davor haben oder zu faul sind, einen Ratschlag von ihm zu erhalten, der uns dazu ermahnt, etwas zu verändern.

Richard Foster bringt es gut auf den Punkt: »Beten heißt: sich verändern. Das Gebet ist der Weg, den Gott am häufigsten benutzt, um uns zu verwandeln. Wenn wir nicht bereit sind, uns zu verändern, wird das Beten in unserem Leben keinen wesentlichen Raum einnehmen.«[39]

Steckst du in einem langweiligen Trott mit Gott? Weißt du nicht, was du als Nächstes tun sollst, wie du mehr Tiefe erreichen kannst? Dann bete! Durch das Gebet kann Gott dein Herz verändern, sodass du eine engere Beziehung zu ihm bekommst. Du wirst erstaunt sein, wie er in dir und durch dich wirkt!

Gebet verändert dich, damit du Jesus ähnlicher wirst. Wenn du mit ihm redest, redet er mit dir und verändert deinen Verstand so, dass du immer mehr wie er denkst, und dein Herz verändert er so, dass du immer mehr das möchtest, was er sich wünscht.

Bete fürs Beten

Was hält dich davon ab, zu beten oder mehr zu beten?

Lebensveränderndes Beten ist nicht unbedingt etwas, das plötzlich über Nacht geschieht. Wenn ich ehrlich bin, muss ich sagen, dass ich *weit* entfernt von dem Punkt bin, an dem ich im Gebet

sein sollte. Gerade heute, als ich begann, dieses Kapitel zu tippen, dachte ich: *Wie heuchlerisch! Hier spreche ich darüber, wie wichtig Gebet ist, und habe nicht einmal für dieses Kapitel vorher gebetet!* Manchmal müssen wir fürs Beten beten! Es ist nicht immer so, dass es uns ganz leicht fällt. Wir müssen Gott bitten, uns dabei zu helfen.

Ich möchte dich aber auch nicht entmutigen und den Eindruck erwecken, Beten sei schwierig. Das Gebet ist keine Aufgabe, die man meistern muss. Es ist ein Prozess innerhalb einer wachsenden Beziehung. Es bedeutet, dass du Gott näher kennenlernst und dass Gott dir mehr von ihm selbst zeigt.

Denk mal an eine enge Freundin oder eine enge Beziehung, die du zu jemandem hast. Auch nachdem du mit dieser Person mehrere Male zusammen gewesen bist, konntest du sicher noch nicht ihre Sätze zu Ende sprechen oder wissen, was für eine Meinung sie zu Themen wie Recycling oder Abtreibung hat. Es braucht Zeit, jemanden gut kennenzulernen. Es ist ein Lernprozess.

So verhält es sich auch mit dem Gebet!

Richard Foster, den ich oben schon zitiert habe, hat ein paar aufschlussreiche Einsichten zum Gebet: »Echtes Beten müssen und können wir lernen.«[40] Er erklärt dann weiter, dass die Jünger Jesus fragten, *wie* sie beten sollten.

»Herr, lehre uns beten« (Lukas 11,1). Wenn wir mal darüber nachdenken, ist es ja nicht so, dass diese Jünger nie gebetet hätten. Sie waren Juden. In ihrer Kultur gehörte Beten zum täglichen Leben dazu.

Wenn sie also Jesus fragten, wie sie beten sollten, dann bedeutete das wahrscheinlich, dass Jesus auf eine Art betete, wie sie es nie zuvor gehört hatten! Er betete so, wie sie es gern in ihrem eigenen Leben tun wollten und wie sie es sich wünschten. Vielleicht war es das erste Mal, dass sie ein Gebet erlebten, das von so einer innigen Beziehung mit dem Vater gekennzeichnet war.

Vielleicht war es das erste Mal, dass sie erlebten, wie ein Gebet auf mächtige Weise beantwortet wurde.

Möchtest du das auch? Ich schon! Ich möchte auch so intensiv und ehrlich beten können wie Jesus. Beim Beten möchte ich ohne Zweifel wissen können, dass ich meinem Vater im Himmel ganz nah bin, dass er mich hört und dass er mir antworten wird.

Beten wie Jesus

Wie sollten wir also beten?

Diese Frage kann ich auf keinen Fall in einem Kapitel beantworten! Es gibt so viele verschiedene Arten zu beten. Wir können dabei stehen, sitzen oder liegen. Wir können ein Dankgebet sprechen, Gott unsere Schuld bekennen, für andere Menschen beten, ein Gebet in größter Verzweiflung sprechen oder Gott etwas von uns im Gebet erzählen. Es gibt unendlich viele Möglichkeiten, wie wir mit Gott reden und welche Worte wir verwenden können! Lass uns einige Tipps ansehen, die Jesus uns zum Gebet gibt. (Die Tipps stehen in Matthäus 6; falls du willst, dann sieh dir doch mal Matthäus 6,5-14 an.)

1. Mache keine Show aus deinem Gebet (Vers 5)

Gebet muss niemanden beeindrucken. Gott schätzt es nicht besonders, wenn wir versuchen, dabei groß und wichtig zu wirken. Wenn du dich dabei erwischst, wie du in der Gruppe betest und dabei mehr darüber nachdenkst, was die anderen über dein Gebet denken, könnte ein guter Tipp von Jesus sein, dich zurückzuhalten. Ich finde es klasse, wie Matthew Henry das ausdrückt. Er sagt, dass wir beim Gebet nicht »unsere Zunge einsetzen sollen, wenn nicht auch unsere Seele im Einsatz ist«.[41] Das bedeutet, dass wir aus dem Herzen heraus beten sollen! Sorge dich nicht um deine Worte und darum, ob

sie Gott beeindrucken könnten. Gott ist schon von dir beeindruckt. Er möchte einfach nur ein wenig Zeit mit seinem kleinen Mädchen verbringen. Er braucht keine großen Worte oder eine ausgefallene Vorstellung. Nur dich.

2. **Suche dir einen ruhigen, abgeschiedenen Ort (Vers 6)**
Wenn du an einem ruhigen Ort betest, bist du weniger abgelenkt. Stell das Handy aus, stell die Musik ab, geh nach draußen oder schließe die Tür zu deinem Zimmer. Tu, was immer nötig ist, um dich auf Gott konzentrieren und hören zu können, was er dir im Herzen sagen möchte.

3. **Sei du selbst, sei völlig und ganz du selbst (Verse 7-8)**
Es ist wichtig, dass wir völlig ehrlich zu Gott kommen. Er kennt schon dein Herz, deshalb kannst du auch damit aufhören, so zu tun, als ob alles eitel Sonnenschein wäre. Gott möchte, dass du ehrlich mit ihm bist, sodass er ehrlich mit dir sein kann. Je mehr du dich verschließt, desto mehr schließt du Gott aus deinem Leben aus. Lass ihn zu jedem Teil deines Herzens sprechen.

4. **Stell dir Gott als liebenden Vater vor, nicht als einen entfernten Onkel (Vers 8)**
Es ist wichtig zu wissen, dass Gott ein liebender Vater ist, denn dann kannst du dich völlig in seiner Gegenwart entspannen. So kannst du dir ganz sicher sein, dass er zuhört und dass es ihm wichtig ist, was du zu sagen hast. Wenn wir der Meinung sind, Beten mit Gott wäre so, als würden wir mit Übersee telefonieren und Gottes Zeit und Geld verschwenden, während wir mit ihm reden, dann werden wir nie in der Lage sein, seine Gegenwart zu genießen. Beten ist kein Ferngespräch. Gott ist genau neben dir. Also setz dich hin und genieße seine Gegenwart. Nichts liebt er mehr.

5. Vertraue ihm als Vater (Vers 8)

Während wir zu Gott beten, sollten wir ihm auch unser Vertrauen ausdrücken, dass er das Beste für unser Leben im Sinn hat. Wenn du mit einem Fünf-Jahres-Plan zu Gott kommst, dann drückst du nicht unbedingt aus:»Ich brauche deine Hilfe«, sondern:»Mach, dass es geschieht«. Doch Gott ist größer als du. (Das weißt du sicher schon.) Aber aus irgendeinem Grund denken wir, dass wir selbst wissen, was das Beste für uns ist. Lass uns beim Beten darauf achten, dass wir uns seinen Plänen unterordnen, auch wenn sie anders als unsere eigenen sind. Sein Plan stellt sich am Ende immer als das Beste für uns heraus.

In Matthäus 6,9-13 lesen wir, wie Jesus seinen Jüngern ein Beispiel gibt, was sie beten sollen. Lies es dir mal durch. Nachdem du das Gebet gelesen hast, nimm dir Zeit, um bestimmte Stellen zu unterstreichen, für die du sonst eher selten betest. Vielleicht ist es die Bitte an Gott, das bereitzustellen, was wir brauchen … nicht mehr, nicht weniger, nur unser »täglich Brot«. Vielleicht vergisst du wie ich, Gott immer wieder im Gebet dafür zu danken, wie gut er ist.

Schau mal, welche Zeile dir ins Auge springt, und dann unterstreiche sie.

> Unser Vater im Himmel,
> dein Name werde geehrt.
> Dein Reich komme bald.
> Dein Wille erfülle sich
> hier auf der Erde genauso wie im Himmel.
> Schenk uns heute unser tägliches Brot
> und vergib uns unsere Schuld,
> wie auch wir denen vergeben haben,
> die an uns schuldig geworden sind.

Lass nicht zu, dass wir der Versuchung nachgeben,
sondern erlöse uns von dem Bösen.

Ich habe das zwar schon erwähnt, aber ich sage es noch einmal:
Immer, wenn ich damit kämpfe, dass ich nicht an Gott interessiert bin, dann ist das in der Regel deshalb, weil ich mich von Gott
entfernt habe.

Es ist Zeit, in Gottes Nähe zu rücken. Näher zu dem Gott, der
dir zeigen will, dass er sich danach sehnt, mit seinem Mädchen zu
reden, seinem Mädchen zuzuhören und seinem Mädchen zu antworten. Hast du das verstanden? Der Gott, der das Universum in
seinen Händen halten kann? Ja, genau der! Er will mit dir zusammen sein! Und weißt du, was er noch will? Er möchte dir zeigen,
was er alles bewirken kann!

Gott zeigt stolz und mächtig seine Macht durch das Gebet.
Und diese Macht wird dich aus den Angeln heben, also sei bereit.
Lies einige von diesen tollen Gebetsgeschichten, die mir einige
Mädchen über Facebook geschickt haben.

Gebet bewirkt wirklich etwas!

 *Amelie, Zwölftklässlerin*

Vor zwei Jahren wurde ich sexuell missbraucht. Ich dachte, mein
Leben sei jetzt völlig ruiniert. Doch nach sechs Monaten wurde
mir klar, dass Gott daraus etwas Gutes entstehen lassen konnte.
Ich hatte danach nicht nur eine bessere Beziehung mit meinen
Eltern, sondern bekam von Gott auch den Mut, meine Geschich-
te vor drei Jugendgruppen zu erzählen. Eine Sache machte mir
noch nach einem Jahr zu schaffen: Ich hatte nicht den Mut, dem
Typen, der mir das angetan hatte, zu vergeben. Einige Tage vor

der *Revolve-Tour* – dieses christliche Event-Wochenende in den USA für Mädchen – betete ich dafür, dass dort etwas gesagt oder getan würde, das mir beim Vergebungsprozess helfen könnte. Ich erinnere mich noch, als ob es gestern gewesen wäre. Jenn Helvering, eine der Rednerinnen, sagte:»Von der Vergebung profitieren nicht unbedingt die anderen; du selbst profitierst davon, um mit deinem Leben weitermachen zu können.« An dem Abend ging ich zurück zum Hotel und betete, und noch während des Wochenendes hatte ich dem Typ, der mich missbraucht hatte, mit Gottes Hilfe vergeben.

Andrea, Zwölftklässlerin

Vor eineinhalb Jahren fragte mich meine beste Freundin Christine:»Warum bist du Christ?« Ich war anfangs etwas schockiert über diese Frage, weil ich sicher wusste, dass sie nicht Christ war, und mir war diese Frage noch nie gestellt worden. Ich antwortete:»Christ zu sein ist, als ob man einen Verehrer hätte, der das kaum verheimlicht. Jesus weiß alles über dich und sehnt sich danach, dass du alles über ihn weißt. Manchmal hast du deswegen richtige Schmetterlingsgefühle.« Und sie lächelte und sagte Danke. Ich betete weiter für sie, und einige Tage später bat sie mich, ihr einige Bibelverse zu erklären. Das machte ich. Eine Woche später kam sie mit mir zur Jugendgruppe unserer Gemeinde. Und weniger als einen Monat danach ließ sie sich taufen! Es war so erstaunlich zu wissen, dass Gott mich gebraucht hat, um eine weitere Person in sein Königreich zu bringen!

Das sind *wahre* Geschichten, wie Gott *wirklich* Leben durch ein Gespräch mit ihm verändert! Amelie hat gelernt zu vergeben, und Andrea hat erfahren, dass Gott sie gebrauchen kann, um gro-

ße Dinge zu tun. Gott hört nicht auf, mich zu erstaunen, wie er unser Gebet hört und beantwortet. Langweilst du dich mit Gott? Versuch mal, regelmäßig zu beten und damit nicht aufzuhören, und beobachte, wie Gott handelt!

Vertiefende Gedanken

Findest du vielleicht nicht die richtigen Worte beim Beten? Die Bibel ist voll von Worten, die du beten kannst, wenn du Sorgen hast, verwirrt oder traurig bist ...

Ich bete gern mit Bibelworten für mein Leben, denn nichts hat mehr Kraft, als die von Gott inspirierten Worte zu sagen und sie zu benutzen, um damit alle möglichen Probleme, Unsicherheiten oder Ängste zu bekämpfen.

Wenn ich mit Worten der Bibel bete, dann finde ich mich nicht nur in einem sehr persönlichen Gespräch mit Gott wieder, sondern mein Geist wird auch neu geschult und erneuert ... und ich denke seine Gedanken über meine Situation statt meine.

Beth Moore[42]

Lies einige der folgenden Verse, die sich mit bestimmten Problemen beschäftigen, und mach dann aus ihnen ein Gebet für dein eigenes Leben. Ich werde dir beim ersten Problem helfen. Danach nimm dir etwas Zeit, um deine eigenen Gebete aus den angegebenen Versen zu formulieren.

Hast du manchmal Angst?

Unsere Liebe kennt keine Angst, weil die vollkommene Liebe alle Angst vertreibt.

1. Johannes 4,17-18

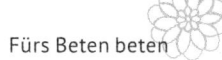

Überlasst all eure Sorgen Gott, denn er sorgt sich um alles, was euch betrifft!

1. Petrus 5,7

Gott, ich habe Angst vor der Zukunft, Angst, Menschen zu verlieren, Angst zu versagen. Aber du sagst, dass vollkommene Liebe die Angst vertreibt. Du bist die vollkommene Liebe. Bitte, Gott, nimm mir meine Ängste. Hilf mir, sie auf dich zu werfen, statt mich weiter zu ängstigen, denn du kümmerst dich um mich und um mein Herz. Danke, dass du für mich sorgst. Amen.

Fällt es dir schwer, geduldig zu sein?

Barmherzig und gnädig ist der Herr, geduldig und voll großer Gnade.

Psalm 103,8

Wenn dagegen der Heilige Geist unser Leben beherrscht, wird er ganz andere Frucht in uns wachsen lassen: Liebe, Freude, Frieden, Geduld, Freundlichkeit, Güte, Treue, Sanftmut und Selbstbeherrschung ... Wenn wir jetzt durch den Heiligen Geist leben, dann sollten wir auch alle Bereiche unseres Lebens von ihm bestimmen lassen.

Galater 5,22-25

Hast du mit Zweifeln zu kämpfen?

Dann sagte er zu Thomas: »Lege deine Finger auf diese Stelle hier und sieh dir meine Hände an. Lege deine Hand in die Wunde an meiner Seite. Sei nicht mehr ungläubig, sondern glaube!«

Johannes 20,27

»Alles ist möglich für den, der glaubt.« Der Vater rief: »Ich glaube! Aber hilf mir, dass ich nicht zweifle!«

Markus 9,23-24

Wir haben darüber gesprochen, dass die Bibel lebendig und aktiv ist. Wenn du diese Tatsache jetzt mit Gebet mixt, dann erhältst du eine kraftvolle Kombination! Sie zeigt dir, wie Gott durch Gebet wirklich in deinem Leben handelt. Und zu sehen, wie Gott in meinem Leben handelt, hat mir einige der spannendsten, farbigsten Momente mit Jesus bereitet.

Lass uns nun Gott bitten, uns dabei zu helfen, ihn durch das Gebet immer besser kennenzulernen.

Gott, mit dir zu reden kann manchmal schwer sein. Bitte hilf mir zu lernen, wie ich beten soll. Hilf mir zu glauben, dass du zuhörst. Hilf mir, deine Stimme zu hören. Ich möchte deine Kraft erleben, und ich wünsche mir, dass sich mein Glaube durch Gebet vertieft. Amen.

Zusammenfassung

Warum wird uns mit Gott langweilig?

Wir beten nicht so und wir bauen das Gebet nicht so in unser Leben ein, wie Gott sich das gedacht hat. Wenn wir das Gebet nicht als ein wechselseitiges Gespräch verstehen, dann konzentrieren wir uns nur auf unsere eigenen Worte und nicht auf die von Gott. Und jedes Mal, wenn der Fokus auf unserem eigenen Leben liegt, wird unser Glaube an Gott öde und langweilig und wir lassen ihn nicht an unseren Herzen arbeiten!

Wenn wir die Gründe für unsere Langeweile kennen, wie können wir uns dann mit Gott »entlangweilen«?

Wir beten dafür, dass wir regelmäßiger und intensiver beten können. Wir richten unsere Art zu beten nach Jesu Anweisungen im Matthäusevangelium aus. Wir beten mit Worten der Bibel für unsere Herzen und für bestimmte Situationen.

Kapitel 11

Schnall mich an

Hören lernen von einem tauben Mädchen

»Was ist denn hier passiert?«, fragte meine Freundin Sarah vom hinteren Teil des Kleinlasters.

»Wie meinst du das?«, antwortete Jörg, unser Reiseleiter.

»Nun, es sieht so aus, als ob hier irgendeine Naturkatastrophe passiert ist. Ein Hurrikan? Oder ein Tornado? Dieser Ort sieht ziemlich mitgenommen aus!«

»Nein, Sarah, so sieht es hier immer aus«, sagte Jörg, während er seine Augen traurig über die Hütten und mit Müll gefüllten Straßen schweifen ließ.

Haiti. Ein Land mit verheerender Armut.

Das war neun Jahre bevor das Erdbeben im Jahr 2010 mit einer Stärke von 7,0 das schon geschwächte Land traf. Für die Frage meiner Freundin gab es damals also noch keinen aktuellen Anlass. Aber wenn du schon mal in Haiti gewesen bist, wenn du mit uns hinten auf dem Kleinlaster gesessen hättest, dann hättest du dich dasselbe gefragt: *Was ist mit Haiti passiert?*

Sarah hatte ihre Frage an einem ganz gewöhnlichen Tag auf Haiti gestellt. Die Sonne schien, die Menschen lächelten. Dass sie hier eine Naturkatastrophe vermutete, war dennoch verständlich. Denn auch ohne Wirbelstürme oder Erdbebengewalt sieht das Land gebeutelt aus. Abwasser fließt an den Straßen entlang.

Shake it!

Und dabei kann man die Straßen eigentlich nicht wirklich als
»Straßen« bezeichnen. Tiefe Schlaglöcher, im Weg liegende große Steine und fehlende Straßenschilder machen aus einer normalen 15-Minuten-Strecke oft eine stundenlange Reise. In der
Bucht wabert Müll vor sich hin. Barfüßige Kinder, die sich das
Schulgeld nicht leisten können, arbeitslose Männer mit depri-
mierten Gesichtern und abgearbeitete Frauen, die um Essen betteln, bevölkern nebst Schweinen und Hühnern die »Straßen«.

Ich war 16, als ich mich entschied, mit einer Gruppe von Schülern und Studenten meiner Gemeinde auf einen Kurzzeit-Missi-
onseinsatz nach Cap-Haïtien zu fahren, eine Stadt im Norden
Haitis. Wir haben eine Woche in einem Waisenhaus gearbeitet,
mit den Kindern gelebt, mit ihnen gespielt, ihnen aus der Bibel
vorgelesen und mit ihnen gebastelt. Diese kurze Woche hat mich
für immer verändert. Aber es gab einen bestimmten Abend, der
mir besonders im Gedächtnis geblieben ist – ich kann alles vor
mir sehen, riechen und hören, als wäre es gestern gewesen.

An diesem Tag reiste unser Team sechs Stunden lang zu einem entfernten Waisenhaus in einem Dorf in den tropischen
Bergen. Wir hielten vor einem Zaun aus Kakteen, und hinter den
Dornen der Kakteen warteten die schönsten Gesichter auf uns,
die ich je gesehen habe. Die Waisen waren schmutzig und trugen
zerlumpte Kleidung, aber ihr Haar war schwarz und glänzend, ihr
strahlendes Lächeln brachte weiße Zähne zum Vorschein.

Interessant zu wissen:

Schlechte Ernährung macht sich oft im Haar bemerkbar. In Haiti
haben Kinder, die an Proteinmangel leiden – weil sie nicht genug
zu essen haben –, einen roten oder blonden Stich in ihrem schwarzen Haar. Schwarzes, glänzendes Haar ist oft ein Zeichen von Gesundheit.[43]

Sie lächelten, während wir Seifenblasen für sie bliesen. Sie lächelten, während wir Bilder malten. Sie lächelten, als wir ihre Hände fassten und Ringelreihen spielten. Wie konnten sie so fröhlich sein?

Sie hatten keine Duschen, kein eigenes Zimmer, keine Eltern, kein Kino. Doch irgendwie war ihr Lächeln echter als alles, was ich bisher gesehen hatte.

An diesem Abend versammelten wir uns in der Kirche – einem einfachen Bau mit Zementwänden, kleinen Holzstühlen und Plastikblumen. Wir reihten uns einfach ein und griffen mit unseren verwöhnten, wohlhabenden Händen voller Bakterien nach einfachen, armen, dreckigen Händen.

Wir setzten uns und sangen in unseren eigenen Sprachen zum selben Gott. Die Stimmen waren durchschnittlich, aber die Herzen waren stark, als unsere Lieder von den Zementwänden hinaus in das stille Dorf hallten.

Neben mir saß ein Haiti-Mädchen, das mir schon vorher aufgefallen war. Der Heimleiter hatte mir erzählt, dass sie taub sei. In einem Dorf, in dem es kaum Bildung gibt, ist der Gedanke daran, die Gebärdensprache zu lernen, undenkbar. So kommunizierte dieses Mädchen im Alter von neun Jahren wie eine Zweijährige, zeigte auf Dinge und grunzte. Während sie jetzt neben mir saß, beobachtete ich, wie ihr Kopf nach vorne kippte und ihre Augenlider schwer wurden. Schließlich wurde sie vom Schlaf überwältigt und sank auf meinen Schoß.

Während ich ihre Wange streichelte, begann ich zu weinen. Während des letzten Schuljahres hatte sich in meinem Kopf alles um den Abschlussball, Freundinnen und Jungs gedreht. Ich hatte mich darüber beschwert, dass es nicht genügend Snacks in unserer vollen Speisekammer gab. Ich hatte geheult, als meine Mutter mir nicht erlaubte, dieses hübsche Top zu kaufen, das ich meiner Ansicht nach so sehr *brauchte*. Und hier saß ich mit diesem Mädchen – das nicht unser Singen hörte, nicht sein Inneres

mitteilen konnte, nicht einmal in Worte fassen konnte, was es fühlte. Sie würde wahrscheinlich nie eine Ausbildung, einen Job oder eine Familie bekommen. Träumte sie manchmal? Wusste sie, dass Gott sie liebte? Mein Kopf schwirrte vor Scham, Fragen und Verwirrung.

Und dann hörte ich Gott zu meinem Herzen sprechen: »*Sie wird meine Worte nur durch dein Handeln hören können.*«

Mein Handeln? Aber Gott, mein Handeln war bisher so ichbezogen! Ich hab dich wohl falsch verstanden! Keineswegs könnte Gott durch mich handeln wollen, oder? Falsch. An diesem Abend zeigte mir Gott eine völlig neue Seite von sich – wie andere ihn *durch* mich kennenlernen können.

Ich konnte es nicht glauben! Gott konnte meine Hände benutzen, um sein kleines Mädchen zu berühren. Er konnte meinen Schoß benutzen, um dieses kleine Mädchen in den Schlaf zu wiegen. Es war ein überwältigendes Wertgefühl. Gott will mich gebrauchen – trotz meiner selbst! Trotz meiner Selbstsucht, meiner Beschwerden, meiner Gier und meiner verwöhnten amerikanischen Sicht. Er will andere durch mich lieben. Er will mich so sehr mit sich selbst erfüllen, dass sein Geist einfach auf andere überfließen *muss*.

Es war eines der ersten Male, dass ich eine Welle der Begeisterung auf meiner Reise mit Jesus fühlte. Ich hatte dasselbe Gefühl, das man in der Achterbahn hat, wenn der Wagen die Anhöhe vor der ersten Abfahrt rauffährt. Ich sagte Gott, ich sei bereit dafür, dass er mich für die Fahrt anschnallte.

> Wenn du Gottes Liebe für dich behältst, dann beginnst du dich mit Gottes Liebe zu langweilen.

Angeschnallt

Wir haben in den vorherigen Kapiteln über das Eintauchen in Gottes Wort nachgedacht, über das Gebet und über die Beziehung mit ihm im neuen Königreich. Jetzt ist es Zeit, darüber zu reden, was wir mit all dieser Liebe, dem Frieden und der Hoffnung, die wir durch die Bibel und durch unsere Beziehung zu Jesus in uns aufnehmen, tun. Gott möchte, dass wir das weitergeben, was wir in uns »aufgesaugt« haben. Er möchte, dass wir seine Liebe mit anderen teilen. Und er möchte durch dich etwas bewegen, sodass du anderen so begegnen kannst, wie Jesus es tun würde.

Hast du das schon mal gemacht? Hast du dich entschieden, Gott deine Bereitschaft zu signalisieren, dass er durch dich wirken kann? Hast du dich entschieden, Gottes Liebe auf andere überfließen zu lassen? Falls nicht, dann kann Gottes Liebe in dir nicht zur Vollendung gelangen. Lies mal diesen Vers:

> Aber wenn wir einander lieben, dann bleibt Gott in uns,
> und seine Liebe kommt in uns zur Vollendung.
>
> *1. Johannes 4,12*

Wenn du Gottes Liebe für dich behältst, dann beginnst du dich mit Gottes Liebe zu langweilen. Wenn du und ich nicht hinausgehen und anderen von Gott erzählen, können wir nicht die Fülle von Gottes Liebe in unserem Leben spüren. Das ist also eine weitere Antwort auf unsere Frage, warum uns mit Gott langweilig wird. Wir lassen die Liebe, die Gott uns gegeben hat, nicht auf andere überfließen.

Um Gottes Liebe weiterzugeben, musst du kein Waisenkind in Haiti in den Armen halten. Obwohl, wer weiß? Vielleicht wirst du das eines Tages tun, oder vielleicht hast du das schon getan. Welche Möglichkeiten gibt es zurzeit, damit Gottes Liebe durch dich zu anderen Menschen fließen kann?

_____

_____

_____

_____

Dienen macht's möglich

Dienen ist eine Hauptmöglichkeit, wie wir anderen Gottes Liebe zeigen können. Und weil es so viele verschiedene Möglichkeiten des Dienens gibt, will ich dir eine Starthilfe geben.
Sieh dir deine Stärken an.
Gott hat dir Gaben und Talente gegeben. Wenn du diese einsetzt und Gott bittest, dir zu helfen, anderen damit zu dienen, dann kannst du die Welt verändern. Ziemlich gute Idee, was? Schade, dass es nicht meine war. Petrus gibt uns diese Idee in seinem ersten Brief. Schau dir an, was er sagt:

> Gott hat jedem von euch Gaben geschenkt, mit denen ihr
> einander dienen sollt. Setzt sie gut ein, damit sichtbar wird,
> wie vielfältig Gottes Gnade ist.
>
> *1. Petrus 4,10*

Überlege jetzt mal ganz genau: Was geht dir leicht von der Hand? Worin bist du gut? Welche Gaben bestätigen dir andere? Dies sind einige gute Fragen, die du dir stellen solltest, während du über die verschiedenen Stärken und Talente nachdenkst, die Gott dir gegeben hat. Und dann schreib sie auf. (Denk daran, eine Gabe muss nicht auf einen typischen Bereich wie Kunst, Musik

oder Sport begrenzt sein. Vielleicht bist du besonders gut darin, mit Menschen zu reden, Partys zu geben, ermutigende Karten zu schreiben, zu organisieren, Haare zu stylen, Dinge zu reparieren, Leute zu umarmen oder Witze zu erzählen. Grab mal ein wenig tiefer!)

_____

_____

_____

_____

Hier sind einige Beispiele von Mädchen in deinem Alter, die gelernt haben, wie sie anderen dienen können, indem sie die Talente nutzen, die Gott ihnen gegeben hat.

 *Johanna*

Johanna hat ihr ganzes Leben getanzt. Sie liebt Ballett und Jesus, deshalb begann sie, jungen Frauen und Mädchen in ihrer Gemeinde kostenlose Ballettstunden zu geben. Auf diese Weise bekamen Eltern, die sich die Stunden nicht leisten konnten, die Gelegenheit, ihre Töchter trotzdem zum Tanzen zu schicken. Es erwies sich auch als eine großartige Möglichkeit, Familien auf beiläufige Weise mit der Kirche bekannt zu machen. Johanna brachte ihren Schülerinnen bei, dass sie ihre Liebe zum Tanz nutzen konnten, um Gott zu preisen. Johannas Tanzprogramm stieg von sieben Schülerinnen im ersten Jahr auf 175 Tänzerinnen an!

Beate

Beate liebt Menschen – sie liebt es, mit ihnen zu reden und ihre Geschichten zu hören. Irgendwann entschied sie sich, ihre Gabe im Umgang mit Menschen auf der Straße einzusetzen. Sie gründete einen Hilfsdienst innerhalb unserer Jugendgruppe, der Obdachlosen Essen bringt und sich mit ihnen unterhält. Eine Gruppe Schüler traf sich immer zu Hause, bereitete einige Hot Dogs zu, stieg in mehrere Autos (mit ein paar Jugendleitern als Fahrern natürlich) und fuhr in eine ärmere Gegend im Westen von San Antonio, Texas. Da verteilten sie die Hot Dogs, setzten sich mit den Obdachlosen zusammen, ermutigten sie, hörten ihnen zu und beteten mit ihnen.

Claudia

Claudia backt (und isst) gern Kuchen. Nach jedem Schuljahr gibt es in unserer Gemeinde den Schulabsolventen zur Ehre ein großes Festessen. Als Dank an alle, die sie während ihres eigenen Schulabschlusses unterstützt hatten, kreierte und buk Claudia eine leckere Torte. Sie wollte damit allen, die für ein Studium oder eine Ausbildung wegzogen, und denjenigen aus der Gemeinde, die eine enge Beziehung zu den Schülern gehabt hatten, etwas Gutes tun. Es dauerte viele Stunden, diese Torte zu kreieren und zu dekorieren, aber sie wurde fantastisch und schmeckte fabelhaft.

Erzähl anderen von deinem Glauben

Wir können Gottes Liebe an andere auch weitergeben, indem wir einfach mit ihnen über Gott sprechen. Mir ist aufgefallen, dass die Liebe Gottes in meinem eigenen Leben an Kraft zunimmt, wenn ich weitererzähle, wie mächtig die Liebe Gottes bei jemand anders gewirkt hat.

Neulich saß ich mit einem Mädchen zusammen, das ich fast schon mein ganzes Leben kenne. Sie heißt Jessica und hatte gerade die Highschool abgeschlossen, als sie feststellte, dass sie von ihrem Freund schwanger war. Sie war völlig durcheinander. *Behalte ich das Baby? Treibe ich es ab? Gebe ich es zur Adoption frei? Wie werden meine Eltern reagieren?* Dies waren nur einige der Fragen, die Jessica quälten.

Als ich die Neuigkeiten hörte, fragte ich sie, ob sie sich mit mir zusammensetzen und einfach alles rauslassen wollte – ihre Angst, Frustration und Verwirrung. Wir trafen uns also in einem Café, tranken einige Eiskaffees, und ich hörte ihrem verletzten Herzen zu. Ich habe langsam über die Jahre gelernt (und lerne es immer noch), dass die beste Hoffnung, die ich jemandem geben kann, nicht darin besteht zu sagen: »Mach dir keine Sorgen, das wird schon.« Auch nicht: »Hey, ich bin für dich da und unterstütze dich.« Versteh mich nicht falsch. Das sind nette Worte, und ich verwende sie schon noch. Aber die beste Hoffnung, die ich weitergeben kann, ist die Liebe Gottes für diese Menschen.

Das tat ich dann auch bei Jessica. Und am besten können wir anderen sagen, dass Gott sie liebt, indem wir ihnen die Geschichte erzählen, über die wir in Kapitel 9 gesprochen haben – über die Hoffnung des Evangeliums und den Platz im neuen Königreich. Ich erzählte Jessica, warum Jesus auf die Welt gekommen war und wie seine Liebe mein Leben durch die Beziehung mit ihm verändert hat. Ich erzählte ihr dann, dass sie ebenfalls eine Beziehung mit Jesus haben könne. Und auch wenn Jessica sich nicht plötz-

lich veränderte und gleich Jesus vertraute, dankte sie mir dafür, dass ich ihr half, Gott zu verstehen. Sie hatte die Gute Nachricht noch nie auf diese Weise erklärt bekommen. Sie sagte mir, dass sie meine Erklärungen einleuchtender fand als die leere Religion, die sie bisher kennengelernt hatte.

Lass mich dir eins sagen: Wann immer ich anderen von Jesus erzähle, bringt mich das richtig in Fahrt! Es ist so, als ob ich spürte, dass Gott in mir lebt und durch mich redet. Es erinnert mich daran, dass er wirklich lebendig ist! Und ich weiß nicht, ob du je erfahren hast, wie es ist, Jesus lebendig in dir zu spüren.

Es ist dieses verrückte, gute, total überwältigende Ich-kann-es-nicht-glauben-Gott-hat-mich-grad-gebraucht-das-ist-so-toll-Gefühl.

Hast du schon mal die Geschichte von Gottes Liebe jemand anders erzählt oder einfach jemandem gesagt, wie Gott in deinem Leben gewirkt hat? Ich bin mir bewusst, dass es eine große Herausforderung sein kann, deinen Glauben mit jemand anders zu teilen.

Nimm dir etwas Zeit und schreib deine Erfahrungen und auch deine Unsicherheit damit auf.

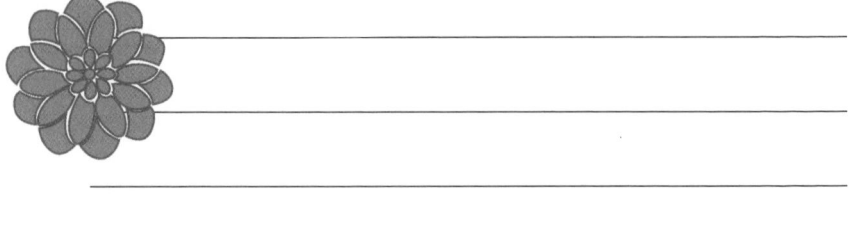

Um ehrlich zu sein: Meinen Glauben weiterzuerzählen – so toll das nun auch ist –, ist für mich nicht einfach. Es braucht Mut. Man geht das Risiko ein, abgelehnt zu werden. Aber wenn ich es tue, dann ist mein Glaube mehr als ein Gefühl, dann ist er lebendig! Die Geschichte von Gottes Liebe und seiner Gnade berührt mich auf tiefere Art, wenn ich sehe, wie jemand anders sie das erste Mal hört. Wenn ich mich mit Gott total langweile, mir dann aber die Zeit nehme, um bewusst nach Möglichkeiten zu suchen, meinen Glauben weiterzuerzählen, dann macht mir das ganz neu bewusst, wie wunderbar Gott ist! Es ist wie dieser Achterbahnrausch, den ich weiter oben erwähnt habe. Du schnallst dich an und bittest Gott, die Kontrolle über die Fahrt zu übernehmen. Schließlich kannst du die Reaktionen von anderen Menschen nicht kontrollieren. Alles, was du tun kannst, ist, Gott zu bitten, durch dich zu sprechen und zu handeln. Und was ist das für ein Fahrtrausch, wenn du schließlich alle Ungewissheit und Unsicherheit loslässt und dem Heiligen Geist die Kontrolle übergibst! Und die wird er übernehmen! Der Heilige Geist wird dich in dieser Situation nicht allein lassen. Lies diese Ermutigung:

> Darum geht zu allen Völkern und macht sie zu Jüngern. Tauft sie im Namen des Vaters und des Sohnes und des Heiligen Geistes und lehrt sie, alle Gebote zu halten, die ich euch gegeben habe. Und ich versichere euch: Ich bin immer bei euch bis ans Ende der Zeit.
>
> *Matthäus 28,19-20*

Das Versprechen am Ende dieses Abschnittes mag ich ganz besonders. Was verspricht uns Jesus hier?

_____

_____

_____

_____

Er ist immer bei dir. Sei dir gewiss: Wenn du anderen von Jesus erzählst, dann steht er neben dir. Er wird dir Stärke geben. Er wird dir die Worte geben, die du sagen sollst. Und er wird voller Stolz lächeln, wenn du die Gute Nachricht weitergibst.

Den Glauben weiterzuerzählen ist einer der Glaubensschritte, die uns am meisten Angst und Unsicherheit einjagen, aber es ist ein direkter Befehl Gottes, dem wir gehorchen sollen. Todd Phillips erzählt davon, wie Gott den Israeliten befahl, den Jordan zu überqueren, um das verheißene Land einzunehmen. Kannst du dir vorstellen, so im Glauben zu handeln und das zu tun? »Wirklich, Gott? Muss ich da durchgehen?« Aber Todd fährt fort: »Genauso, wie Gott es den Israeliten versprach, wird er auch bei dir die Wasser der Unsicherheit und Furcht teilen, wenn du gehorchst, und du wirst ein unerschütterliches Zeugnis für Christus sein. Gottes Befehl: Erzähl anderen von deinem Glauben (Matthäus 28,19-20). Gottes Versprechen: vollkommene Freude.«[44]

Vertiefende Gedanken

Die Art und Weise, wie du andere liebst, ist ein guter Test dafür, wie sehr du zulässt, dass die Liebe Gottes dich erfüllt. Also sei ehrlich mit dir selbst. Kreuze an, was bei den folgenden Fragen auf dich zutrifft.

Ich gerate in eine »hitzige Diskussion« mit meinem Vater oder meiner Mutter ...

☐   ☐   ☐   ☐
Täglich   wöchentlich   monatlich   nie

Ich habe Streit mit Freunden ...

☐   ☐   ☐   ☐
Täglich   wöchentlich   monatlich   nie

Ich streite mit meinen Geschwistern ...

☐   ☐   ☐   ☐
Täglich   wöchentlich   monatlich   nie

Lies jetzt den folgenden Vers:

> Wir wollen lieben, weil er uns zuerst geliebt hat.
>
> *1. Johannes 4,19*

Wenn es dir schwerfällt, andere Menschen mit ganzem Herzen zu lieben, was könnte laut diesem Vers das Problem sein?

_____

_____

_____

Um andere richtig zu lieben, musst du Gottes Liebe richtig kennen. Nur durch *seine* Liebe können wir anderen dienen und so lieben, dass der Glaube aufregend wird.

Lass uns jetzt noch andere Möglichkeiten aufschreiben, wie wir unsere Liebe zu Gott an andere weitergeben können und wie wir versuchen können, sie so zu lieben, wie Gott sie liebt. Baue eine persönliche Beziehung mit den Menschen in deinem Leben

auf. Vielleicht möchte Gott dir Menschen in deinem Leben zeigen, die schwer zu lieben sind. (Kleiner Hinweis: Es ist ziemlich wahrscheinlich, dass eine schwierige Person gerade mit dir zusammenlebt. Ähm, vielleicht dein Bruder, deine Schwester oder ein Elternteil?) Vielleicht möchte Gott, dass du deine Komfortzone verlässt und jemanden liebst, der dich normalerweise einschüchtert. Ja, Gott will auch, dass wir die Waisen und Armen lieben, aber es ist genauso wichtig, dass du anfängst, die Menschen in deinem eigenen Zuhause und in deiner eigenen Schule zu lieben und ihnen zu dienen.

Lass uns dafür beten.

Gott, ich will nicht nur die Menschen lieben, die einfach zu lieben sind. Ich möchte alle lieben. Bitte erfüll mich doch so sehr mit dir, dass deine Liebe auf alle, die ich treffe, überfließt. Bitte rede jetzt zu mir und sag mir, wen ich auf deinen Wunsch hin lieben soll. Und gib mir dann diese Liebe für sie. Danke, dass du mich liebst, auch wenn ich manchmal schwierig bin. Amen.

Schreib deine eigenen Ideen und Gedanken hier auf:

_____

_____

_____

_____

_____

_____

Zusammenfassung

Warum wird uns mit Gott langweilig?

Weil wir die Liebe Gottes nicht weitergeben. Und wenn wir Gottes Liebe für uns behalten, dann beginnen wir uns mit Gottes Liebe zu langweilen. Warum? Weil wir Gott keine Chance geben, uns zu gebrauchen und durch uns zu wirken. Wenn wir die Liebe Gottes durch uns wirken lassen und spüren, wie sie auf andere übergeht, dann wird Gott so richtig lebendig für uns und wir werden seine Nähe erleben.

Wenn wir die Gründe für unsere Langeweile kennen, wie können wir uns dann mit Gott »entlangweilen«?

Wir sehen uns nach Möglichkeiten um, anderen zu dienen, von unserem Glauben weiterzuerzählen und einfach andere richtig zu lieben. Wenn wir von der Liebe Gottes erzählen, dann erfahren wir, wie Gott durch uns wirkt, und dann wird Gottes Liebe in uns vollkommen.

TEIL ZWEI

Interessiert es Gott überhaupt, wenn ich mich mit ihm langweile?

Kapitel 12

Am Anfang

Ihre Lieblingszeit des Tages

»Mama, erzähl uns noch mal von deiner liebsten Zeit des Tages, als du und Papa noch im Garten lebtet«, bettelten die Jungen.

Jeden Abend dachten sich die Brüder etwas Neues aus, um die Mutter davon abzuhalten, sie ins Bett zu schicken.

»Na gut, meine Lieben, aber danach ist Schluss. Sobald ich fertig bin, müsst ihr Jungs schlafen gehen. Es ist schon spät«, sagte Eva so streng wie möglich, während sie ein Lächeln unterdrückte.

Seit die Jungen auf der Welt waren, hatte sie ihnen Geschichten über den Garten erzählt, ihnen die Gerüche, Farben, Geräusche beschrieben und wie es dort aussah.

Obwohl es unmöglich war, ein Bild von der Pracht des Gartens zu malen, sprach Eva mit ihren Söhnen immer wieder über das Zuhause, das sie nie gesehen hatten und nie sehen würden. Wenn sie darüber sprach, so hoffte sie, würde alles gut im Gedächtnis bleiben.

Doch als aus Tagen Jahre wurden, verblassten die Erinnerungen an den Garten und schienen so weit weg, als wäre alles nur ein Traum gewesen.

Ihre Augen wurden von einem Tränenschleier überzogen.

Eva, reiß dich zusammen. Wie oft sollen die Jungen dich noch weinen sehen, wenn du dich an diese Zeit zurückerinnerst? Es ist

deine Schuld, dass sie den Garten nie sehen werden. Deine Schuld, dachte sie bei sich selbst.

Aber mehr noch als diese Scham fühlte sie sich entfernt – entfernt von dem Einen, vor dem sie sich im Garten nie hatte verstecken können. Jetzt konnte sie sich kaum noch an den Klang seiner Stimme erinnern.

»Mutter, geht es dir gut?«, fragte ihr Sohn Abel besorgt.

»Oh, Liebling, du kennst doch deine Mutter. Ich vermisse ihn so. Das ist alles. Also, wo waren wir stehen geblieben?« Sie wischte sich schnell mit dem Handrücken eine Träne weg.

»Wir haben doch noch gar nicht richtig angefangen!«, sagte Kain voller Ungeduld.

Eva atmete tief und langsam ein und ließ ihre Gedanken zurück zu dem Ort schweifen, den sie für immer ihr Zuhause nennen würde. Ein Lächeln breitete sich über ihr Gesicht, während sie im Geiste daran dachte.

»Ach, meine lieben Jungs, ich wünschte, ihr hättet wenigstens einen Tag mit mir in dem Garten verbringen können. Dann hättet ihr meine Lieblingstageszeit dort erlebt: die Dämmerung.

Der Himmel schließt langsam seine blauen Augen, während die Nacht sich regt und die Sterne zu blinken beginnen.

Oh, wie ich es liebte, den strahlend blauen Himmel dunkler werden zu sehen, bis die Sterne ihn erleuchteten.« Eva strich über Kains sommersprossige Nase, und er kicherte. »Aber mein Lieblingsteil der Dämmerung kommt noch.« Die Jungen konnten fast mitsprechen, während die Mutter ihnen die Geschichte erzählte. Sie hatten sie schon ihr ganzes Leben über die Dämmerung im Garten Eden sprechen hören. Die Brüder kannten die Geschichte ganz genau.

Jedes einzelne Wort.

Eva fuhr fort: »Vögel schlüpfen in ihre Nester. Eine kühle Brise streicht über die Bäume, und die Blätter kräuseln sich.« Bei diesem Teil der Geschichte kitzelte Eva immer den Bauch ihrer

Jungen. Sie wappneten sich dagegen, weil sie es schon wussten, aber quietschten trotzdem jedes Mal vor Vergnügen. Sobald sie wieder ruhig waren, begann Eva von Neuem:»Ich liebte es, in die Nester zu spähen – und zu sehen, wie die kleinen Vögel dicht gedrängt unter der Vogelmutter saßen. Aber das Beste der Dämmerung kommt noch.

Die Sonne, der Star dieser Show, führt ihre letzte große Nummer auf und sieht strahlender und feuriger denn je aus, sodass die Blumen noch einmal ›Zugabe!‹ jubeln, bevor sie ihre Blüten schließen und schlafen. Das ist das Stichwort für die Eulen, die mit ihren Rufen einstimmen, während sie zusehen, wie der Mond aufgeht.

Ich liebte es, zusammen mit den Blumen den verbrannten Orange- und knalligen Pinktönen der Sonne zuzujubeln. Ich liebte den Klang des ersten Eulenrufs, während sich der schwache Umriss des Mondes langsam abzeichnete. Aber ...« Eva hielt inne und ließ ihre Jungen den Satz beenden.

»Mein Lieblingsteil der Dämmerung kommt noch!«, riefen Kain und Abel im Einklang.

Eva nickte, lächelte, schloss ihre Augen und fuhr fort.»Es war zu dieser Zeit des Tages, dass ich meinen Lieblingsklang hörte. Ein Klang, vertrauter als das Singen der Grillen und zarter als das Kräuseln der Blätter. Mein Lieblingsklang während der Dämmerung waren seine Fußtritte, während er durch das Gras ging und näher und näher kam.

Während dieser Zeit des Tages erblickte ich das, was ich am liebsten sah. Ein Anblick feuriger als die Sonne und doch sanfter als die Blütenblätter der Blume. Mein Lieblingsanblick während der Dämmerung war sein Gesicht, das ich aus Kilometern Entfernung erblickte, während er durch das Gras lief und ...«

»Näher und näher kam!«, riefen die Jungs gemeinsam.

Eva lachte.»Warum erzählt ihr die Geschichte nicht zu Ende? Ihr kennt sie so gut wie ich!«

»Nein, Mama! Erzähl weiter, erzähl weiter!«, bettelten die Jungen und verbargen ihr Gähnen.

Eva wusste, es war nur noch eine Frage der Zeit, bevor diese kleinen Augenlider sich schließen würden, aber sie fuhr fort. »Seht ihr, meine Lieben, diese Fußtritte und dieses Gesicht gehörten dem Schöpfer – dem Schöpfer, der gesagt hatte: ›Es werde Licht!‹, und so geschah es. Er sprach, und die Welt nahm ihren Anfang. Und weil er uns liebte, verbrachte der Schöpfer Zeit damit, mit uns, seiner Schöpfung, spazieren zu gehen, zu reden, zu singen und zu lachen. Könnt ihr euch das vorstellen? *Der* Schöpfer wollte mit *uns* zusammen sein!«

Wenn ich bloß gewusst hätte, was das für ein Geschenk war. Was ich alles tun – oder nicht tun – würde, um noch einen Abend mit ihm verbringen zu können, dachte Eva bei sich selbst.

Die Jungen sanken in den Schlaf und Eva wusste tief im Innern, dass die Geschichte mehr für sie selbst als für ihre Kinder war, deshalb sprach sie weiter: »Jeden Abend, wenn ich seine Fußtritte ganz leise in der Ferne hörte und die leiseste Ahnung von seinem glühenden Gesicht spürte, rannte ich auf ihn zu. Mein Herz klopfte bei jedem Schritt, und der Schöpfer lachte und erfüllte die Erde mit Freude. Er nahm mich hoch, wirbelte mich herum und sagte: ›*Meine süße Eva, wie ich mich über dich freue. Meine kostbare Schöpfung. Du bist gut.*‹«

Während Eva an die Worte dachte, die der Schöpfer zu ihr gesprochen hatte, gab sie diese an ihre fest schlafenden Jungen weiter. »Meine süßen Jungen, wie ich mich über euch freue«, flüsterte sie.

Und obwohl die Jungen nicht länger zuhörten, fuhr Eva mit der Geschichte fort, damit sie diese Nähe zu ihrem Schöpfergott wieder spüren konnte. Es war so lange her. Sie fühlte sich so weit entfernt von ihm, ihre Beziehung war fast erkaltet. Sie sehnte sich danach, seine Liebe zu spüren, dieselbe Aufregung, die sie gefühlt hatte, wenn sie ihm im Garten entgegenlief.

»Adam und ich hatten immer gebettelt, dass uns der Schöpfer wieder die Geschichte erzählte. ›Erzähl uns noch mal über die Zeit, als du mich aus Staub geformt hast‹, sagte Adam dann. ›Erzähl uns noch mal über die Zeit, wie du die Meere mit all ihren Fischen geschaffen hast‹, bettelte ich. Und obwohl wir ihn jede Nacht darum baten, uns von den Wundern seiner Macht zu erzählen, wurde er unseres Wunsches nie müde. Er begann: ›Am Anfang …‹«

Aber Eva konnte ihre Schöpfungsgeschichte nicht zu Ende erzählen. Nicht heute Nacht. Ihr Herz schmerzte zu sehr, und ihr Hals hatte sich zu sehr zusammengezogen, als dass weitere Worte hätten herausdringen können.

Wo soll man anfangen?

Am Anfang …

Da ist es, wo wir beginnen müssen.

Um zu wissen, ob es Gott wirklich interessiert, wie wir zu ihm stehen und ob wir uns mit ihm langweilen und ob unser Glaube zu alltäglich wird, müssen wir zurückgehen.

Und ich meine *weit* zurück. Weiter zurück als zu der »guten alten Zeit« deiner Großmutter, weiter zurück als zu den Tagen, in denen die Männer lange Strümpfe und Perücken trugen. Sogar noch weiter zurück als zu der Zeit, in der Kleopatra mit ihren großen goldenen Armreifen klirrte. Wir müssen zurück zu der Geschichte gehen, die wir gerade gelesen haben. Wir müssen zurück in den Garten reisen – den Garten Eden.

Eva trägt eine Last in der Geschichte. Diese Last stammt von dem Tag, als sie sich selbst wichtiger nahm als Gott. Kirchenleute und Theologen nennen diesen Fehltritt den »Sündenfall«. Wenn du mehr darüber lesen möchtest, schlage 1. Mose 1–3 auf. Wenn du die Kurzversion möchtest, dann lies das Folgende:

Adam und Eva: Die Zusammenfassung für Wenigleser

Gott hatte Adam und Eva praktisch die Herrschaft und Rechte über alles im Garten gegeben, außer über den einen Baum. Sie sollten nicht von dem Baum der Erkenntnis über Gut und Böse essen. Nun, eines Tages entschied sich Eva – angestachelt von der Schlange, die wir als Satan kennen –, von dem Baum zu essen und die Frucht mit Adam zu teilen. Von da an begann alles schiefzulaufen.

Wenn du die Bibel aufschlägst, dann siehst du, dass es nur zwei Seiten lang dauerte, bis die Menschen alles vermasselt hatten. Zwei lausige Seiten!

Meine Bibel enthält 1 048 Seiten. Das bedeutet, dass Gott auf 1 046 Seiten versucht, das Chaos seiner Kinder wieder zu ordnen und ihnen (und das beinhaltet auch dich und mich) zu zeigen, wie das Leben eigentlich aussehen sollte.

Aber was steht eigentlich auf den beiden Seiten vor dem Sündenfall?

Wir lesen, wie Gott die Welt erschafft.

Wir lesen, wie er den Menschen aus Erde formt.

Wir lesen, wie er Adam die Verantwortung über den Garten gibt.

Wir lesen, wie er Adam eine Gehilfin aus seiner Rippe macht.

Wir lesen, dass er sagt, Mann und Frau seien nach seinem Bilde geschaffen.

Und dann – und das ist der Teil, auf den ich mich konzentrieren möchte – lesen wir, wie Gott durch den Garten geht. Lies mal diesen Vers:

Als es am Abend kühl wurde, hörten sie Gott, den Herrn, im Garten umhergehen.

1. Mose 3,8

Hast du das gelesen? Gott ging mit den Menschen zusammen umher! Er redete mit ihnen, hörte ihnen zu, verbrachte Zeit mit ihnen. Das ist der Vers, der die Geschichte »Ihre Lieblingszeit des Tages« inspiriert hat. Meine Fantasie begann überzuquellen mit all den Bildern von Gott, der seiner Schöpfung so nah war. Wie klangen wohl seine Fußtritte? Ist lautes, donnerndes Stampfen gemeint oder ist von leisen, flinken Leopardensprüngen die Rede? Und wie sah er wohl aus? War er einfach ein helles Licht oder hatte er einen Körper? War er auch sichtbar oder nur hörbar? Ich weiß es nicht, aber wie du siehst, entfacht es meine Neugier. Wenn wir etwas aus diesem Vers mitnehmen können, dann, dass er uns einen kleinen Einblick gibt, wer Gott ist.

Der Vers weist darauf hin, dass wir keinen Gott haben, der schwer zu erreichen ist, weit weg ist oder dem alles egal ist. Wir haben einen Gott, der sich uns zuwendet, um bei uns zu sein, Zeit mit uns zu verbringen, mit uns spazieren zu gehen und eine Beziehung zu uns aufzubauen. Er ist nah und persönlich.

Der Schlechter-Atem-verstrubbeltes-Haar-bequeme-Jogginghosen-Gott

Hast du jemanden in deiner Familie oder eine Freundin, bei der du ganz du selbst sein kannst? Du musst nicht deine Zähne putzen oder dein Haar bürsten, deine bequeme Jogginghose mit all ihren Löchern ausziehen oder intelligente Dinge sagen. Du weißt schon, was ich meine: die ultimative Schlechter-Atem-verstrubbeltes-Haar-bequeme-Jogginghosen-Freundin.

So stelle ich mir Gott vor. Du musst ihn nicht beeindrucken oder dich für ihn zurechtmachen. Er ist der ultimative Schlechter-Atem-verstrubbeltes Haar bequeme-Jogginghosen-Gott. Warum ich das annehme? Wahrscheinlich wegen Adams und Evas Kleidung – oder sollte ich besser sagen: wegen der nicht vor-

handenen Kleidung. Um noch deutlicher zu werden: Sie waren vor Gott nackt! Nacktheit ist meiner Ansicht nach das ultimative Symbol für Verletzlichkeit. Man ist völlig ungeschützt. Und dennoch liefen Adam und Eva mit Gott umher, verletzlich, ohne Scham und ganz sie selbst.

Was sagen uns all diese Dinge? Dass wir einen Gott haben, der möchte, dass wir ihn kennen, *wirklich* kennen. Er möchte eine Beziehung mit dir haben, eine tiefe, innige Beziehung – eine, die dein Herz rasen lässt, wie das von Eva, wenn sie ihn im Garten kommen hörte.

> *Auf diese Art sind wir nach Gottes Bilde geschaffen. Gott braucht sicher keine Menschen, die so sind wie du und ich, aber er freut sich darüber, geliebt zu sein, und er freut sich, Liebe zu geben.*[45]
>
> *Donald Miller*

Wenn Gott zwischen dir und einem Freund, einer Schwester oder Großmutter Beziehungen schafft, dann ist seine Absicht nicht nur die, dass du andere Menschen kennenlernst. Es geht tiefer als das. Gott hat das Konzept von Beziehungen geschaffen, damit wir mehr über *ihn* lernen und über die Art Beziehung, die er mit uns haben möchte. Er liebt es, wenn wir mit ihm reden, uns auf ihn verlassen, unsere Klagen vor ihn bringen und ihn so lieben, wie wir es in unseren Beziehungen mit unseren Familien und Freunden tun.

Wie kannst du durch Freundschaften mit anderen etwas über die Beziehung mit Gott lernen?

_____

_____

_____

Ich lernte etwas über die Geduld Gottes, als mir mein Vater das Autofahren beibrachte. Ich lernte jedes Mal etwas über die Fürsorge Gottes, wenn meine Mutter mir eine Wunde verband. Ich lerne etwas darüber, wie Gott mir zuhört, wenn eine Freundin meinen Klagen über meine Unsicherheiten zuhört. Gott gebraucht unsere Beziehungen und Freundschaften, um uns zu zeigen, wie er sich eine Beziehung mit uns vorstellt.

Interessiert es Gott also, wenn wir uns ihm gegenüber gleichgültig oder mittelmäßig fühlen oder sogar wegen ihm gelangweilt sind?

Natürlich!

Warum? Weil er uns für eine enge und persönliche Beziehung mit sich geschaffen hat, und enge und persönliche Beziehungen sind nicht langweilig. Sie wachsen ständig, haben Hochs und Tiefs, sind verletzlich, beängstigend, verständnisvoll und voller Überraschungen, Emotion und Leidenschaft. Er hat uns nicht geschaffen, damit wir von ihm gelangweilt sind. Er schuf uns, damit wir ihn ganz genau kennen. Nicht wie du deinen Geschichtslehrer oder den Fahrer vom Pizzabringdienst kennst. Ich meine, Gott schuf uns, damit wir ihn *wirklich* kennen!

»Ihr seid meine Zeugen!«, spricht der Herr. »Und ihr seid mein Diener, den ich erwählt habe. Ihr seid dazu auserwählt, mich zu *kennen*, an mich zu glauben und zu erkennen, dass ich allein Gott bin.«

Jesaja 43,10 (Hervorhebung der Autorin)

Denk jetzt an den Menschen, dem du am nächsten stehst. Schreib den Namen der Person auf die freien Zeilen. Warum bist du mit dieser Person so vertraut? Was hat diese Person, dass dir erlaubt, immer du selbst zu sein?

_____

_____

_____

_____

Yadha, Yadha, Yadha

Lies noch einmal den Vers aus Jesaja 43,10. Neulich habe ich mich mit diesem Vers intensiver beschäftigt. Die Autorin und Rednerin Beth Moore hat mir geholfen, den Vers noch besser zu verstehen. Denk mal über ihre Erklärung nach. Sie schreibt:»In Jesaja 43,10 wird das hebräische Wort ›yadha‹ für ›kennen‹ gebraucht. Dieses Wort spiegelt eine persönliche Ebene von Vertrautheit wider und beschrieb oft die Beziehung zwischen Ehemann und Ehefrau.«[46]

Worauf weist also das hebräische Wort hin? Auf eine Vertrautheitsebene zwischen Ehemann und Ehefrau. Du bist sicher noch nicht verheiratet, wenn du dieses Buch liest, aber es ist doch cool zu wissen: Egal, ob wir heiraten oder nicht, wir können wahre Liebe und Vertrautheit durch eine Beziehung mit Gott haben.

Wenn wir eine Beziehung mit Gott haben, gibt er uns alles, was wir brauchen, stopft jedes Loch und schenkt uns echte Zufriedenheit. Er hat das damals im Garten getan, und er wird das auch heute tun.

Wir sind erschaffen durch die Liebe, in der Liebe und für die Liebe.[47]

Gerald May

Es interessiert Gott, dass wir uns manchmal nicht für ihn interessieren. Es interessiert ihn, wie wir über ihn denken, wie wir ihn sehen und welche Gefühle wir ihm gegenüber haben – und was wir eben nicht über ihn denken, wie wir ihn nicht sehen und ob er uns gerade nicht so wichtig ist. Er sehnt sich danach, dass wir eine tiefe »Yadha«-Beziehung zu ihm haben. Und eine Yadha-Beziehung ist nicht langweilig.

Nicht seine Idee

Es war *nie* Gottes Idee, dass wir uns unsicher fühlen, *nie* seine Idee, dass wir in dieser beängstigenden Welt leiden müssen, *nie* seine Idee, dass wir uns unwürdig fühlen, *nie* seine Idee, dass wir uns vor ihm verstecken, *nie* seine Idee, dass wir den Eindruck haben, er sei weit weg von uns, und es war *nie* seine Idee, dass wir uns mit ihm langweilen.

Doch der Sündenfall belastete Gottes ideale Beziehung mit uns. Das geschah, als Adam und Eva sich entschieden, Gott zurückzuweisen.

Sobald Adam und Eva sündigten, hatten sie etwas zu verbergen. Was also taten sie? Sie machten sich Kleidung, um ihre Sünden zu verdecken. Dies war keine Kleidung, wie du oder ich sie tragen. Es waren auch keine Togen, wie sie die Römer früher trugen, oder Mönchskutten. Lies es selbst: »Deshalb flochten sie Feigenblätter zusammen und machten sich Lendenschurze« (1. Mose 3,7). Um die Folgen des Sündenfalls zu verdeutlichen, bedurfte es lediglich einiger Feigenblätter; sie zeigten, dass etwas passiert war. Zum ersten Mal sehen wir eine Art Wand, die Gott von seiner geliebten Schöpfung trennt.

Wir sind diejenigen, die etwas zwischen Gott und uns gestellt haben. Und deswegen sind *wir* der Grund, weshalb wir uns in unserem Glauben oft so gleichgültig fühlen. Es liegt nicht an Gott. Es liegt an uns! Er wollte immer, dass wir ihn so erfahren, wie er ist: als einen nahen, persönlichen, liebenden Gott, der sich um alle unsere Bedürfnisse in der Beziehung mit ihm kümmert – um unser Bedürfnis nach Liebe, nach Akzeptanz, nach Freude. Aber wir haben es wie Adam und Eva vermasselt.

Aufgrund unserer menschlichen Natur versuchen wir, Bestätigung, Freude, Identität, Sinn und Liebe in anderen Menschen zu finden, beim Shoppen, in der Anzahl unserer Freunde, in unserer Position als Schülersprecher, in unserer Leistung beim Sport. Wir lehnen Gott ab und sagen ihm dadurch, dass er nicht die Antwort auf unsere Bedürfnisse ist. Wir sagen ihm, dass wir uns mit ihm langweilen. Und dann machen wir einfach weiter wie bisher.

Von wem oder in welchem Bereich versuchst du, Anerkennung und Bestätigung zu finden, wenn du sie nicht bei Gott suchst?

Wir langweilen uns im Glauben, weil wir nicht so von Gott ergriffen sind, wie er es von Anfang an im Garten vorgesehen hatte.

Aber Gott bietet uns einen Ausweg aus unserem Schlamassel an. Durch Jesus wird uns die Sünde, die uns von Gott trennt, vergeben und wir können wieder eine vertraute Beziehung mit

Gott erleben. Diese Beziehung wird erst im Himmel vollkommen sein, aber du kannst jetzt schon Gott für einige Dinge Danke sagen: Weil wir ihm so wichtig sind, hat er dafür gesorgt, dass die Trennung durch die Sünde überwunden wird. Er hat uns sozusagen unsere Feigenblätter ausgezogen, sodass wir ihm wieder ganz nahe sein können. Das beantwortet unsere Frage, ob es Gott interessiert, wenn wir uns mit ihm langweilen, mit einem klaren *Ja*!

Er hat getan, was nötig war, um die aufregende, enge Beziehung mit seinen Kindern wieder zu ermöglichen – auch wenn das bedeutete, seinen einzigen Sohn auf unsere Erde zu schicken.

Für mehr gemacht

Du bist für mehr gemacht! Du bist für mehr geschaffen als die gelegentlichen Gebete, die du vor dich hinsagst, für mehr, als nur hin und wieder einen Bibelvers zu lesen, für mehr als nur für den Gottesdienstbesuch am Sonntag. Gott hat dich von Anfang an geschaffen, damit du ihn in einer persönlichen Beziehung kennenlernst, in einer Schlechter-Atem-verstrubbeltes-Haar-bequeme-Jogginghosen-Beziehung. Und eine solche Beziehung ist nicht langweilig!

> Du bist für mehr gemacht!

Vertiefende Gedanken

Tief in unserem Innern erinnern wir uns daran, als was wir geschaffen wurden; wir tragen in uns die Erinnerung an Götter, Bildnisträger, die durch den Garten wandelten.[48]

Brent Curtis und John Eldredge

Gott hat uns nach seinem Bild geschaffen. Das hast du vielleicht schon gehört, aber hast du dich je gefragt, wie wichtig das bei der Beziehung mit Gott ist? John Eldredge sagt: Vor der Schöpfung hat Gott in einer Beziehung mit seinem Sohn Jesus und dem Heiligen Geist gelebt. »Die Dreifaltigkeit steht im Zentrum des Universums; eine perfekte Beziehung ist das Kernstück jeder Wirklichkeit.«[49]

Weil wir nach dem Bilde Gottes geschaffen wurden und Gottes Abbild eine vollkommene Beziehung mit dem Sohn und dem Heiligen Geist ist, sehnen wir uns tief in unserem Inneren nach einer perfekten Beziehung. Und der einzige Ort, wo wir die finden, ist in Gott.

Lass uns diese Beziehung, zu der Gott uns aufruft, näher ansehen. Lies die folgenden Verse und kreise alle Worte ein, die auf eine solche Beziehung hinweisen, wie sie Gott mit dir haben möchte. Dann nimm dir etwas Zeit, um diese Beziehungen zu beschreiben. Gibt es etwas anderes als Beziehungen, das dich tröstet, für dich aufregend ist oder dich verwirrt? Unter den Bibelversen ist Platz, um diese Dinge zu notieren.

Ich nenne euch nicht mehr Diener, weil ein Herr seine Diener nicht ins Vertrauen zieht. Ihr seid jetzt meine Freunde, denn ich habe euch alles gesagt, was ich von meinem Vater gehört habe.

Johannes 15,15

Und doch, Herr, bist du unser Vater. Wir sind der Ton, du bist der Töpfer und wir sind das Werk deiner Hand.

Jesaja 64,7

Kann eine Mutter etwa ihren Säugling vergessen? Fühlt sie etwa nicht mit dem Kind, das sie geboren hat? Selbst wenn sie es vergessen würde, vergesse ich dich nicht!

Jesaja 49,15

Dein Gott wird sich an dir freuen wie ein Bräutigam an seiner Braut.

Jesaja 62,5

_____

_____

_____

_____

_____

Eines Tages wird diese Erde wieder so sein, wie sie zur Zeit des Gartens war. Das ist die Ewigkeit, die Gott denen verspricht, die an Jesus glauben. Wenn wir bei Jesus sind, wird er uns hochheben und herumwirbeln, so wie er es mit Eva im Garten in meiner Geschichte getan hat.

Aber bis es soweit ist, kannst du noch ein paar Möglichkeiten aufschreiben, wie du die Vertrautheit in deiner Beziehung mit Gott in diesem irdischen Zuhause stärken kannst. Bete anschließend für das, was du aufgeschrieben hast.

_____

_____

_____

_____

_____

 *Shake it!*

 Zusammenfassung

Interessiert es Gott, wenn wir uns mit ihm langweilen?

Ja! Er hat uns für eine ganz enge Beziehung mit ihm geschaffen. Und innerhalb einer innigen Beziehung gibt es Emotionen und Leidenschaft. Um zu verstehen, wie unsere Beziehung mit Gott aussehen sollte, können wir uns die Verhältnisse im Garten Eden ansehen.

Wenn wir das im Hinterkopf haben: Wie können wir uns dann mit Gott »entlangweilen«?

Langeweile mit Gott kommt von der Trennung, die wir geschaffen haben; sie kommt nicht von Gott. Wenn wir das wissen, können wir unsere Anstrengung auf das konzentrieren, was uns im Weg bei unserer Vertrautheit mit Gott steht, statt ihm die Schuld zu geben. Wenn wir die Bibel lesen, bringt uns das näher zu Gott, und wenn wir mit ihm jeden Tag Zeit verbringen, ermöglicht uns das eine wunderschöne Liebesbeziehung, in die er uns von Anbeginn der Schöpfung hineingerufen hat.

Kapitel 13

Gott auf Tournee

Tausende von Menschen strömen herein, halten Ticketabschnitte in der Hand und sind damit beschäftigt, die ihnen zugewiesenen Plätze zu finden. Einige kaufen T-Shirts und Leuchtstäbe, während andere zu lange warten und zu viel für eine trockene Brezel und abgestandene Getränke zahlen. Aber nichts kann die Stimmung in der Arena verderben. Alle sind fröhlich, während sie ungeduldig auf den Moment warten, wenn die Lichter gedimmt werden und die Band hereinkommt. Ein zehnminütiger Countdown beginnt, während die letzten Sekunden auf dem Bildschirm angezeigt werden: 3 ... 2 ... 1. Die Menge steht auf und johlt. Ein Trommelwirbel eröffnet den Song, die Bassgitarre stimmt ein. Die Menge wird wild und dann plötzlich still, als die ersten lang ersehnten Töne aus dem Mund des Sängers kommen. Das Publikum ist in voller Bewegung; Menschen drängen nach vorne in die Nähe der Bühne, während andere in den Stuhlreihen tanzen.

Konzerte.

Warum lieben wir Menschen sie so sehr? Sind es die schmetternden Stimmen der Sänger, die in den Ohren dröhnen, die blendenden Lichter, die in den Augen schmerzen, das verrückte Tanzen, das den Körper zum Schwitzen bringt, oder das laute Singen, das den Hals ganz rau macht? Vielleicht sind uns auch die bewegenden Texte wichtiger, die erzählten Geschichten zwischen den Liedern, der perfekte Gitarrenanschlag oder die Art, wie er so fließend auf dem Klavier spielt oder sie jeden Ton mühelos trifft.

Kannst du dich noch an dein erstes Konzert erinnern? Dann schwelge jetzt einen Moment in deinen Erinnerungen und beschreibe, was du erlebt hast.

_____

_____

_____

 _____

_____

Irgendetwas hat wohl diese Menschen angezogen, die insgesamt 965,5 Millionen Dollar für die größten 100 Konzerttouren in den USA in den ersten sechs Monaten 2010 ausgaben.[50] Das ist ganz schön viel Geld! Und irgendetwas hat während der ersten sechs Monate im Jahr 2010 weltweit 640 000 Menschen angezogen, um ein Taylor-Swift-Konzert zu erleben, und fast 735 000 Menschen, um ein Black-Eyed-Peas-Konzert zu besuchen.[51] Das sind ziemlich viele Menschen.

Was steckt also dahinter? Was lieben wir so sehr an Livemusik? Ich kann mir nicht helfen, aber ich vermute, es ist vielleicht Folgendes: Es ist etwas in uns, das andere anhimmeln oder anbeten möchten. Unsere Kultur liebt es, Idole zu haben und Fan von jemandem zu sein. Was tun wir bei einem Konzert? In gewissem Sinne vergöttern wir einen Rockstar und schwärmen für ihn/sie/die Gruppe oder zumindest für ihre Musik. Allein die Tatsache, dass wir den Begriff »Rockstar« benutzen, zeigt diese tiefe, manchmal unerkennbare Sehnsucht, die wir danach haben, jemanden auf ein Podest zu stellen.

Schockiert dich diese Vorstellung ein wenig?

Jenna! Das ist Unsinn! Wenn ich in ein Konzert gehe, dann will ich einfach Spaß haben und die Musik genießen.
Und ich bin sicher, dass das wahr ist. Aber lass uns mal darüber nachdenken.

Was tun wir, wenn wir nach einem Lied klatschen?
Was tun wir, wenn wir schreien, wenn die Band auf die Bühne kommt?
Was tun wir, wenn wir unbedingt eine Zugabe wollen?
Was tun wir, wenn wir um das Gitarrenplektrum kämpfen, das von der Bühne geworfen wurde?
Was tun wir, wenn wir am nächsten Tag allen unseren Freunden von dem Konzert erzählen?
Wir himmeln eine Band, die Musik einer Band, eine Erfahrung an. Wir leben in einer Kultur, die es liebt, jemanden zu verehren!

Brauchst du noch mehr Argumente? Dann denk mal über diese Fragen nach.

Warum gibt es überhaupt Hollywoodstars?
Warum weinen manche Mädchen, wenn sie den Ärmel ihres neuesten Schwarms berühren?
Warum tragen die Leute Trikots von ihrem Lieblingsfußballverein?
Warum erwischst du dich dabei, wie du von deinem Lieblingsrestaurant, -laden, oder –film schwärmst?

Wenn du immer noch nicht überzeugt bist: Die Tatsache, dass wir Shows wie *Deutschland sucht den Superstar* haben, spricht meiner Meinung nach Bände.
Noch einmal: Welche Substantive, Pronomen oder Verben du auch benutzt, um die obigen Fragen zu beantworten, die Grundaussage deiner Antworten wird dennoch die sein, dass wir ger-

ne jemanden anhimmeln. Ist dieser Wunsch denn immer nur schlecht? Nun, er ist es, wenn wir Gott aus der Gleichung streichen.

Und leider haben wir genau das getan. Wir haben eine Sehnsucht, die Gott uns gegeben hat, genommen und daraus etwas Egoistisches gemacht, das uns selbst verherrlicht – oder Geld oder einen süßen Jungen oder Musiker. Gott hat in uns das Bedürfnis zur Anbetung gelegt, genauer gesagt, das Bedürfnis, ihn »zu verherrlichen« oder die »Herrlichkeit« von ihm zu erfahren. Doch leider haben wir auf den ersten beiden Seiten der Bibel alles vermasselt, und deshalb haben wir Gottes Plan für uns, ihn zu verherrlichen, verdreht: Wir himmeln nun Menschen oder Dinge auf dieser Erde an. Dabei sah Gottes Plan eigentlich so aus:

> Bring … alle, die nach meinem Namen benannt sind, die ich zu meiner *Ehre* gemacht habe, die ich gebildet und erschaffen habe.
> *Jesaja 43,6-7 (Hervorhebung der Autorin)*

Für wessen Ehre wurden wir laut diesem Vers geschaffen?

Heißt es in dem Vers etwa: »Alle, die nach meinem Namen benannt sind, die ich gemacht habe, um sich mit mir zu langweilen, die ich gebildet und erschaffen habe«?

Es ist Gott wichtig, wie wir zu ihm stehen, weil er uns geschaffen hat, um ihm mehr Ehre als jedem Promi zu geben, um mehr über ihn zu staunen als über jeden schlauen Kopf und ihn mehr zu bewundern als jeden Rockstar auf der Bühne.

Wir haben in diesem Buch immer wieder darüber gesprochen, dass Gott uns für eine enge Beziehung mit ihm geschaffen hat. Aber es ist wichtig, dass wir die Absicht kennen, die dahintersteht. Deine Beziehung mit Jesus soll nicht nur vor allem dir dienen. Es geht nicht in erster Linie darum, dass du dich geliebt und ermutigt fühlst und auf Wolke Sieben schwebst – alles im Himmel und auf der Erde existiert in erster Linie zur Verherrlichung Gottes. Deine Beziehung mit Gott, deine Haltung gegenüber Gott, wie du über Gott denkst – das alles ist *für Gott*. Gott erschuf uns, damit wir seine Herrlichkeit erkennen, seine Fahne schwenken, in erster Linie ihn loben, auf ihn zeigen, für ihn klatschen, für ihn singen, mit ihm angeben. Er hat uns zu seiner Verherrlichung geschaffen.

Was bedeutet deiner Meinung nach das Wort *Verherrlichung*? Es gibt viele Bücher und Filme, die das Wort benutzen, und wenn du in deiner Gemeinde bist, hörst du es regelmäßig. Aber hast du schon mal versucht, das zu definieren?

Wie wäre es, wenn ich dir eine Handvoll Bibelverse gäbe, die das Wort verwenden? Das würde dir helfen, die genaue Bedeutung herauszufinden. Um es noch einfacher zu machen, nenne ich dir die Bibelverse jeweils in unterschiedlichen Übersetzungen.

Umkreise im ersten Vers jedes Wort, das etwas mit *Verherrlichung/Herrlichkeit/Ehre* zu tun hat. Im zweiten Vers habe ich das Wort kursiv markiert, das in jeweils einer anderen Übersetzung für Verherrlichung, Herrlichkeit oder Ehre verwendet wird. Umkreise diese Wörter ebenfalls.

Wenn ich ein Wort nicht verstehe, mache ich es manchmal so, dass ich Synonyme nachschlage, um es besser zu erfassen.

Ähnlich gehen wir hier vor. In unterschiedlichen Übersetzungen kannst du Synonyme für das Wort *Verherrlichung/Herrlichkeit/ Ehre* finden, sodass du seinen tieferen Sinn verstehen kannst.

Johannes 13,31

❀ Jesus spricht: »Nun ist für den Menschensohn die Zeit gekommen, dass er verherrlicht wird. Gott wird durch alles, was geschieht, verherrlicht.«

❀ Jesus spricht: »Jetzt zeigt Gott, *wer der Menschensohn wirklich ist*, und dadurch wird auch die Herrlichkeit Gottes sichtbar.« (HFA)

Hebräer 1,3

❀ Er ist das vollkommene Abbild von Gottes Herrlichkeit, der unverfälschte Ausdruck seines Wesens. Durch die Kraft seines Wortes trägt er das ganze Universum. (NGÜ)

❀ Der Sohn *spiegelt* die Herrlichkeit Gottes *wider*, und alles an ihm ist ein Ausdruck des Wesens Gottes. Er erhält das Universum durch die Macht seines Wortes.

Daniel 5,20

❀ Als sich aber sein Herz überhob und er stolz und hochmütig wurde, da wurde er vom königlichen Thron gestoßen und verlor seine Ehre. (LUT)

❀ Dann aber wurde er hochmütig und sein Stolz steigerte sich ins Unermessliche. Daraufhin wurde er vom Thron gestoßen und aller seiner *Würde* beraubt.

Was kann *Verherrlichung* laut dieser Verse bedeuten?

_____

_____

_____

Folgendes habe ich aufgrund dieser Verse herausgefunden:

Verherrlichung = Gott als den sehen, der er ist.
Verherrlichung = Reflexion Gottes. Jesus spiegelt Gott wider.
Verherrlichung = Ruhm, Ehre, Würde.

Kannst du nun eine allumfassende Definition von _Verherrlichung_ geben?

_____

_____

_____

_____

Verherrlichung ist als Wort schwer zu definieren! Wahrscheinlich, weil es sich auf einen Gott bezieht, der unmöglich zu definieren ist. Folgendes ist meine Definition von _Verherrlichung_ – basierend auf den Gedanken meines kleinen menschlichen Gehirns.

Verherrlichung bedeutet, Gott stolz zur Geltung zu bringen. Verherrlichung bedeutet, dass Gott sich selbst bekannt macht. Er betreibt sozusagen »Eigenwerbung«.

Es geht um seine Macht und Autorität, seinen Glanz, seine Güte, Größe, Heiligkeit, Gerechtigkeit und alle möglichen anderen Worte, die mit -keit enden, die dir einfallen. Es geht im Wesentlichen einfach um Gott in all seiner ... Güte! Ein Pastor hat Gottes Herrlichkeit mal seine »Spektakularität« genannt.

Jonathan Edwards, von dem du vielleicht schon einmal im Religionsunterricht gehört hast, sagte Folgendes über Gottes Herrlichkeit: »Gottes Name und seine Herrlichkeit bezeichnen zumindest oft die gleichen Dinge.«[52] Falls du ein Mathe-Ass bist: Wenn du aus diesem Satz eine Gleichung machen wolltest, würde sie so aussehen:

Herrlichkeit = Gott
Gott = Herrlichkeit

Verherrlichung bedeutet, dass Gott sich selbst bekannt macht.

Wenn wir Gott verherrlichen, dann bedeutet das, dass wir anderen durch unsere Lebensweise zeigen, wer Gott ist.

Als Mose plötzlich strahlte

Niemand hat die Herrlichkeit Gottes so gesehen wie Mose. Ich bin ganz begeistert, dass ich mit dir über diese Geschichte sprechen kann, denn ich kann nicht genug davon bekommen! Diese Geschichte wird immer eine meiner Lieblingsgeschichten über Gott bleiben.

Auch nachdem Mose Zeuge einiger der wundersamsten und berühmtesten Wunder geworden war – Heuschreckenplage, Teilung des Roten Meeres, Brot, das vom Himmel regnete, Wasser, das aus einem Stein kam –, hören wir ihn dennoch folgende Sätze sprechen, die dann auch gleich zu der Geschichte führen, die ich dir erzählen möchte:

Mose sagte zum Herrn: »Du hast mir zwar den Auftrag gegeben, dieses Volk nach Kanaan zu führen, aber du hast mir nicht
gesagt, wen du mit mir schicken willst. Du hast gesagt, dass du
mich kennst und dass du mir freundlich gesinnt bist. Wenn dem
wirklich so ist, dann zeig mir doch, was du vorhast, damit ich
dich besser verstehe und merke, dass du mir freundlich gesinnt
bist. Denk doch daran, dass dieses Volk *dein* Volk ist.«

2. Mose 33,12-13 (Hervorhebung der Autorin)

Macht es dich nicht stutzig, wie Mose mit Gott redet? Kannst du
dir seinen Ton vorstellen? Ich habe diesen Ton auch schon verwendet, wenn ich nicht sicher war, was jemand genau vorhatte.
Ich möchte gelobt werden, wenn alles gut geht, aber ich möchte
keine Schuld bekommen, wenn irgendetwas schiefläuft.

Mose ist im Begriff, Zigtausend Menschen in ein neues Land
zu führen – das versprochene Land, das Gott ihnen gegeben hat –
durch eine heiße Wüste. Dabei werden sie ihre Lebensweise völlig umkrempeln. Diese Sache mit den Zehn Geboten war funkel-
nagelneu! Und Mose wollte sicherstellen, dass Gott hinter ihm
stand, sobald er die neuen Regeln jedem erklärt hatte und sich
womöglich der ein oder andere darüber aufregen würde. Und
Gott versicherte ihm: »Ich selbst werde dir vorangehen und dich
in ein Land bringen, in dem du in Frieden leben kannst!« (2. Mose
33,14; HFA).

Aber das war Mose nicht genug Rückversicherung. Weißt du,
worum er bat?

»Lass mich deine Herrlichkeit sehen« (2. Mose 33,18).

Ich erinnere mich, wie ich mich das erste Mal, als ich das gelesen hatte, fragte: *Was bedeutet das eigentlich? Wie wird das aussehen?* Das Geheimnis von Gottes Herrlichkeit baut Spannung
auf. Und wie antwortet Gott? Er sagt: »Ich will meine Güte an dir
vorüberziehen lassen und will meinen Namen ›der Herr‹ vor dir
ausrufen« (2. Mose 33,19).

Noch mal: Als Mose Gott bat, ihm seine Herrlichkeit zu zeigen, was sagte Gott da? Dass er Mose seine Güte zeigen und seinen Namen ausrufen würde. Also sagt Gott eigentlich: »Ich zeige dir *mich*.«

Aber, und das ist der Teil, der mich so fasziniert:

> »Mein Gesicht kannst du jedoch nicht sehen, denn jeder
> Mensch, der mich sieht, muss sterben.« Dann fuhr der Herr fort:
> »Stell dich hier auf diesen Felsen neben mich. Wenn ich dann
> in meiner Herrlichkeit vorüberziehe, werde ich dich in die Fels-
> spalte stellen und meine Hand schützend über dich halten, bis
> ich vorübergegangen bin. Dann will ich meine Hand wegneh-
> men und du wirst mir hinterher sehen. Mein Gesicht aber kann
> niemand sehen.«
>
> *2. Mose 33,20-23*

Wenn ich diesen Teil der Geschichte lese, dann denke ich an die Redewendung: »es zu gut mit jemandem meinen«. Das bekommt in dieser Szene eine wörtliche Bedeutung. Gott musste Mose vor sich selbst schützen, weil er so gut, so heilig, so strahlend ist! Denk mal darüber nach!

Mose war mit diesem herrlichen Gott 40 Tage und Nächte zusammen auf dem Berg Sinai. Nachdem Gott mit seinen Anweisungen für die Zehn Gebote fertig war, ging Mose zurück zum Volk. Als die Menschen ihn sahen, erschraken sie ziemlich. Weißt du, warum?

> Dann stieg Mose mit den beiden steinernen Tafeln in der Hand
> vom Berg herab. Er wusste aber nicht, dass sein Gesicht leuch-
> tete, weil er mit dem Herrn gesprochen hatte.
>
> Als Aaron und die Israeliten das Leuchten auf Moses Gesicht
> sahen, hatten sie Angst, sich ihm zu nähern.
>
> *2. Mose 34,29-30*

Nachdem Mose eine so lange Zeit mit Gott zusammen gewesen war, hatte Gott auf ihn abgefärbt. So sehr, dass Gottes Herrlichkeit auf Moses Gesicht erstrahlte. Und ich bin sicher, dass auch sein Haar etwas mehr als sonst glänzte.

Und das passiert auch mit uns, wenn wir Gott als den kennenlernen, der er ist – in seiner Herrlichkeit. Ich meine damit nicht, dass dein Haar plötzlich besonders glänzen wird, aber Gott bewirkt, dass du mehr wie er aussiehst. Du beginnst, Gott widerzuspiegeln.

Ich glaube, das ist damit gemeint, wenn es heißt, dass wir Gott *verherrlichen* sollen – dass wir anderen durch unseren Lebensstil Gott zeigen: wie wir reden, Entscheidungen treffen, uns anziehen ... einfach, wie wir leben.

Gott ... live in concert

Okay, Mose hat also Gottes Herrlichkeit gesehen. Aber wie können wir das? Nun, ich weiß nicht, ob es dir schon aufgefallen ist, aber Gott ist ständig auf Tournee. Er gibt dauernd ein Konzert und zeigt sich uns. Gottes Herrlichkeit ist in die Sterne eingraviert, ragt majestätisch in den Bergen auf und bewegt sich mit den Gezeiten der Meere. Gottes Herrlichkeit ist live in concert zu sehen!

> Gottes Herrlichkeit ist auf *Tournee* in den Himmeln, Gottes Handwerk wird ausgestellt über den ganzen Horizont.[53]
> *Psalm 19,2 (Hervorhebung der Autorin)*

Und weißt du, was das Beste an diesem Konzert ist? Es ist umsonst.

Bei diesem Konzert braucht man keine Sicherheitskontrollen oder Scheinwerfer; Gott benutzt die Sonne und den Mond.

Bei diesem Konzert braucht man keine Gitarre oder Trommeln; Gott benutzt das Singen der Vögel und den schlagenden Rhythmus der menschlichen Herzen.

Bei diesem Konzert braucht man kein Stadion; Gott benutzt das Universum.

Bei diesem Konzert braucht man keine tolle Bühnenshow oder Spezialeffekte; Gott benutzt die Sonnenfinsternis und Sternschnuppen.

Durch Menschen, die wir kennen, durch schöne Landschaften, die wir sehen, und durch Lieder, die wir hören, können wir Gott erfahren.

Am besten erlebst du etwas von Gottes »Spektakularität«, wenn du dich einer Gemeinde anschließt. Wenn du siehst, wie sich die Gemeinde für andere Menschen in eurer Stadt einsetzt, dann erfährst du mehr von Gott. Wenn du zuhörst, wie der Pastor über Gottes Güte spricht, dann hörst du mehr von Gott. Wenn du Lieder im Gottesdienst singst, unterstützt du Gott damit, auf seine Herrlichkeit hinzuweisen.

Bei all diesen Dingen erfährst du Gottes Güte und seine Herrlichkeit.

In meinem eigenen Leben habe ich Gottes Herrlichkeit am meisten durch Lobpreismusik erfahren. Ich weiß nicht, ob du vielleicht Lobpreislieder langweilig findest, aber heutzutage kannst du alle Arten von Lobpreismusik finden, sodass dein Stil bestimmt mit dabei ist. Werde ein bisschen kreativ mit deinem Lobpreis. Vielleicht denkst du, dass man Gott steif und aufrecht sitzend und mit einem alten Gesangbuch in der Hand Lieder singen sollte. Aber in der Bibel lesen wir von Menschen, die tanzen, Musikinstrumente spielen und alle möglichen verrückten Dinge tun, um Musik für Gott zu machen. Wenn du dich nicht wohl dabei fühlst, während des Liedersingens im Gottesdienst zu tanzen, dann ist das in Ordnung. Schalte doch mal in deinem Zimmer Lobpreismusik an und finde eine anbetende Haltung. Vielleicht

kniest du dich hin, erhebst die Hände oder tanzt. Jede Position kann Gott gegenüber eine anbetende Haltung ausdrücken.

Knien = Demut vor Gott
Tanzen = Freude vor Gott
Erhobene Hände = sich nach Gott ausstrecken
Geöffnete Hände = dein Leben Gott anvertrauen

Verlass deine »Anbetungs-Komfortzone« und bitte Gott, dir mehr von sich durch Lobpreis zu zeigen.

Warum sollen wir Gott verherrlichen?

Jetzt, wo wir mehr über Verherrlichung wissen und was es bedeutet, Gott mehr zu verherrlichen, möchte ich folgende Fragen beantworten: »Warum will Gott so sehr auf seine Herrlichkeit hinweisen?« und »Warum hat er uns geschaffen, damit wir ihn dabei unterstützen, seine Herrlichkeit zu zeigen?« Hier ist eine der Antworten, die ich mit etwas Hilfe von meinem Vater gefunden habe:

Stell dir Folgendes vor: Du bist schiffbrüchig, befindest dich im Meer, in einer dunklen, eisigen See. Dein Schiff ist gesunken, deine Schwimmweste verliert an Luft, deine Kraft schwindet. Doch plötzlich ertönt durch die pechschwarze Nacht eine Stimme. Es ist der Kapitän eines Rettungsbootes. Du weißt nicht, wo er sich befindet. Was möchtest du, dass der Führer des Rettungsbootes tut? Still sein? Nichts sagen? Sich heimlich an den ertrinkenden Passagieren vorbeistehlen? Nein. Du brauchst volle Lautstärke … Du musst unbedingt hören, wie er sagt: »Ich bin hier. Ich bin stark. Ich habe Platz für dich. Ich kann dich retten!« Schiffbrüchige wollen, dass der Rettungskapitän seine Überlegenheit zeigt.
Wollen wir nicht, das Gott das Gleiche tut?[54]

Ohne Gott ertrinken wir. Die Bibel sagt, dass wir ohne Gott so gut wie tot sind (vgl. Epheser 2,1). Und das ist einer der Gründe, weshalb ich glaube, dass Gott auf sich selbst hinweisen möchte – um der Welt zu zeigen, dass es einen Retter gibt! Und wir wurden geschaffen, damit wir ihn dabei unterstützen können zu zeigen, wer er ist, sodass andere durch unser Leben Jesus als ihren Retter annehmen können.

Einer der Gründe, weshalb es Gott wichtig ist, auf sich selbst hinzuweisen, ist, weil er uns liebt.

Stopp mal, was sagst du? Wie soll das gehen?

Denk an alles, was du dir ersehnst – Liebe, Sinn, Freude, Frieden, Leben. Jetzt überleg, an wen oder woran wir uns wenden, um all das zu bekommen – Jungs, Beliebtheit, Familie, Leistungen …

Gott weiß, dass unsere tiefsten Wünsche nie durch Dinge oder Menschen dieser Welt erfüllt werden. Was tut er also? Er bringt sich selbst ins Spiel! Er weiß, dass *er* der Einzige ist, der diese Sehnsüchte stillen kann. Indem er sich also auf sich selbst hinweist, macht er uns auf sich aufmerksam – dem Einzigen, der jede Sehnsucht stillen kann. Er liebt uns zu sehr, als dass er zusehen könnte, wie wir uns den Dingen dieser Welt zuwenden, um Erfüllung zu finden.

John Piper, ein brillanter Autor zum Thema Herrlichkeit, hat mich auf diesen Gedanken gebracht. Seiner Meinung nach verhält es sich etwa so: »Was könnte Gott uns geben, damit wir uns daran erfreuen und gleichzeitig erkennen, dass Er die vollkommene Liebe ist? Darauf gibt es nur eine mögliche Antwort: Sich selbst!«[55]

Gott hat dich nicht geschaffen, damit du von ihm gelangweilt bist; er hat dich geschaffen, damit du ihn verherrlichst. Deshalb interessiert es ihn natürlich, wenn wir das Gefühl haben, wir hätten keine Verbindung zu ihm. Er hat uns erschaffen, damit wir seine »Spektakularität« erfahren!

Vertiefende Gedanken

Die Bibel sagt: »Was immer ihr esst oder trinkt oder tut, das tut zur Ehre Gottes!« (1. Korinther 10,31). Kennst du jemanden, der Jesus in der Art, wie er isst, trinkt, redet oder Entscheidungen fällt, widerspiegelt? Wenn ja, dann beschreibe diesen Menschen und was er genau tut, um Gott zu ehren.

_____

_____

_____

_____

Gibt es einen Bereich in deinem Leben, in dem es dir schwerfällt, Gott zu verherrlichen? Vielleicht ist es eine Schwäche von dir, eine schlechte Angewohnheit? Notiere es hier.

_____

_____

_____

_____

Die Bibel fordert uns auf, Gott in allen Dingen zu verherrlichen. Wenn wir das tun, dann _lobpreisen_ wir Gott damit auch. Das Wort _lobpreisen_ und _verherrlichen_ gehören eng zusammen. Vielleicht beschränkt sich Lobpreis für dich auf das Liedersingen in der Kirche. Aber wir können Gott in jedem Bereich unseres Lebens lob-

preisen und verherrlichen. Es bedeutet, dass wir Gott ehren und ihn zum Zentrum all dessen machen, was wir tun.

Schreib auf, wie du Gott in folgenden Bereichen lobpreisen und verherrlichen kannst.

Beim Hausaufgaben machen:

_____

_____

Wenn du dich mit deinen Eltern unterhältst:

_____

_____

Beim Sport oder bei anderen Hobbys:

_____

_____

Lass uns jetzt beten, dass Gott uns hilft, seine Güte immer mehr in unserem Leben widerzuspiegeln und ihn in jedem Bereich unseres Lebens zu lobpreisen.

Gott, hilf mir bitte, dir mit meinen Worten, meinen Entscheidungen, meinen Beziehungen, meinen Talenten und auch meinen Schwächen mehr Ehre zu geben. Ich möchte dich in jedem Lebensbereich verherrlichen. Ich möchte dich mit meinem Leben lobpreisen. Lass meine Augen deine Herrlichkeit immer mehr sehen. Danke, dass du dich uns bekannt machst. Amen.

Zusammenfassung

Interessiert es Gott, wenn wir uns mit ihm langweilen?

Ja! Er hat uns nicht geschaffen, damit wir uns mit ihm langweilen;
er hat uns geschaffen, um ihn zu verherrlichen.

Wenn wir das im Hinterkopf haben: Wie können wir uns dann mit Gott »entlangweilen«?

Durch die Schöpfung und durch seine Menschen sehen wir, wie erstaunlich Gott ist. Es ist wie ein kostenloses Konzert, das mehr als
die Stadionsitze oder den Stadionboden erschüttert. Es rüttelt dein
Herz auf und macht dir bewusst, wie wundervoll Gott ist. Wenn wir
ihn in unserem Leben verherrlichen und immer besser kennenlernen, dann entdecken wir, dass unsere tiefsten Bedürfnisse gestillt
werden – unsere Sehnsucht nach Freude, Frieden, Liebe, Sinn und
danach, dass uns jemand kennt ... Wir merken, dass unsere Herzen
erfüllt werden, wenn wir ihn mit allem, was wir tun, verherrlichen.
Und diese Zufriedenheit ist alles andere als langweilig.

Kapitel 14

Es geschah in No Water, Texas

Anna-Maria

Sie ist erst neunzehn.

Aber sie hat bereits lange genug gelebt und genug Erinnerungen, um ein Sammelalbum für 50 Jahre zu füllen.

Obwohl ... ihr Leben taugt nicht gerade für ein Sammelalbum.

Es gab eine Zeit, in der sie das Leben aufregend fand.

Jeder Tag war für sie ein neuer, schöner Tag!

Sie wünschte, sie könnte wieder jeden Tag als neuen, schönen Tag begrüßen.

Denn jetzt ist kein Tag neu oder schön.

Er ist nur eine Erinnerung daran, wie weit weg er von »neu und schön« ist.

Anna-Maria steckt fest. Es ist immer dieselbe Stadt, dieselbe alltägliche Routine, derselbe schlechte Ruf.

Sie kann sich nicht daran erinnern, wann sie das letzte Mal wegen irgendetwas glücklich war.

Aber sie kann sich auch nicht an das letzte Mal erinnern, als sie traurig war.

Sie ist irgendwo in der Mitte.

Und manchmal ist die Mitte die schlimmste Stelle, an der man sich befinden kann.

Das Leben erscheint ihr wie ausgetrocknet.

»Anna-Maria! Was um Himmels willen tust du da?!«

»Hä?« Anna-Maria wurde aus ihren Gedanken gerissen.

»Du verschüttest den Kaffee über den ganzen Tresen, als ob Tom hier ihn wie ein Hund aufschlecken würde! Wisch die Sauerei wieder auf und pass besser auf! Du kannst es dir nicht leisten, diesen Job zu verlieren. Du weißt, ich tu das nur deiner Mutter zuliebe. Wenn sie noch lebte, was würde sie von deiner Schusseligkeit halten? Nun, ich wette …«

Anna-Maria stellte ihre Ohren auf Durchzug. Sie hatte lernen müssen, bei vielen Menschen auf Durchzug zu stellen. Es war wie beim Senderwechseln am Autoradio.

Rita ist ihr personifiziertes schlechtes Gewissen, und Anna-Maria kann sich Ritas Lied nur eine gewisse Zeit anhören, bis sie sich so schwer fühlt, dass sie kaum noch ihre Füße heben kann. Sicher, Rita ist gut zu ihr gewesen. Aber wenn das nicht ihr einziges Einkommen wäre, würde Anna-Maria sich von ihrem Job in dem Schnellrestaurant auf- und davonmachen – schneller als Ameisen ein Picknick überfallen.

»Es tut mir so leid, Tom.« Anna-Maria wischte den Tresen sauber und servierte ihrem treuesten Kunden wie gewöhnlich seine Tasse Kaffee. Tom erschien immer in seiner Arbeitshose und in einem langärmeligen karierten Hemd – egal, wie heiß es war. Dazu trug er einen witzig aussehenden schwarzen Cowboyhut, der nach Zigaretten roch. Tom war so treu, wie man nur sein konnte. Seit 40 Jahren treu in seinem Job auf einer Bohrinsel, treu gegenüber seiner vor 25 Jahren verstorbenen Ehefrau und seit 24 Jahren treuer Kunde in dem Schnellrestaurant – ein Vormittagsritual seit dem Tod seiner Frau.

Tom nickte nur.

Anna-Maria muss bei Tom nie den Sender umschalten, denn er hat nie viel zu sagen außer »Morgen, meine Damen« oder »Bis morgen«.

Tom ist vielleicht der einzige Mensch, den ich kenne, der ein noch langweiligeres Leben hat als ich, dachte Anna-Maria, während sie die Kuchen anschnitt und sie für die Mittagsgäste in der Glasvitrine ausstellte. Sie wünschte sich immer, sie würde wie ein Kirschkuchen aussehen und riechen. Außen glänzend und leicht gebräunt, mit glattem, seidigem Haar, das um sie herumwirbelt wie ein Schuss Schlagsahne. Voller Süße. Aber ihre Süße war säuerlich geworden, ihrem aschblonden Pferdeschwanz fehlte jeglicher seidiger Glanz und ihre sommersprossige Haut war durch die Schmerzen gealtert und durch die dunkle Wolke um sie herum blass geworden.

Tom ist wahrscheinlich der Einzige in dieser Stadt, der niemals etwas zu mir sagt, das verletzend ist, dachte sie. *Doch dann wiederum sagt er auch nichts, was besonders hilfreich wäre. Ich frage mich, ob er weiß, was ich getan habe?*

Die ganze Stadt wusste es.

Apropos ganze Stadt ...

»Anna-Maria! Die Mittagsgäste kommen. Du deckst besser schnell mal alle Tische mit Besteck, sonst bleibst du bis zum Ende heut Nacht und öffnest gleich wieder am Morgen!«, schrie Rita aus der Küche.

Die Ersten, die kamen, waren die Jungs mit den Schutzhelmen: Thomas, Peter und Jan.

In der Highschool waren sie immer die Lautesten auf den Partys, die Stärksten im Sportteam und die Dümmsten in der Klasse gewesen. Sie waren früher die beliebtesten Jungs der Highschool im Ort.

Sie kamen herein und blickten abfällig in Richtung Anna-Maria, die Wassergläser hinter der Theke füllte.

»Hey, Anna-Maria«, sagte Peter in anzüglichem Ton, während er sich über die Theke lehnte und ihre schlanke Figur von oben bis unten musterte. »Ich hab jetzt meine eigene Wohnung, falls du später mal vorbeikommen möchtest.«

Die anderen Männer lachten und fläzten sich mit gespreizten Beinen in eine Sitzecke. Anna-Maria spürte, wie eine Hitzewelle sich von ihren Zehen bis zu ihren Ohren den Weg bahnte wie ein Lauffeuer in einer trockenen Steppe.

Sieh einfach nicht in ihre Richtung, Anna-Maria!, sagte sie streng zu sich selbst. *Warum lässt du zu, dass diese dummen Jungs dich immer noch verletzen?*

Wenn sie nur nicht beim ersten Mal auf seine schönen Worte reingefallen wäre. Kurz nachdem ihr Vater sie und ihre Mutter verlassen hatte und ihnen nichts als ein leeres Bankkonto und eine Menge Schulden geblieben waren, war es Peter gewesen, der ihr die Welt versprochen hatte.

»Das ist nicht richtig, dass dein Vater dich so zurückgelassen hat«, pflegte er zu sagen.

Und ich bin drauf reingefallen.

Dabei bin ich abgestürzt wie eine Taube, die vom Himmel geschossen wird.

Und hab alles gegeben. Alles hab ich ihm gegeben.

Nur um mit einem leeren Herzen und noch mehr Schuld zurückzubleiben.

Als Nächstes kamen die Frauen von der Kirche ins Schnellrestaurant. Elisabeth und Ingrid.

Ihr weißes, dauergewelltes Haar war perfekt zurechtgelegt – wie ihr Leben. Sie konnten nie einen Fehler machen, aber wussten immer, wenn jemand anders einer passiert war.

»Grüß dich, Anna-Maria.« Elisabeths Gesicht war von einem steifen Lächeln überzogen.

Ingrid ignorierte Anna-Maria und begann gleich mit Elisabeth zu flüstern, als sie den Ecktisch erreicht hatten, der am weitesten von der Theke entfernt war.

Man hatte Anna-Maria bisher nicht erlaubt, hinter der Theke vorzukommen. Rita meinte, sie sei eine ungeschickte Bedienung, aber Anna-Maria kannte die Wahrheit.

Weil ich versagt habe und in ihren Augen nun schmutzig bin, wollen die Menschen nicht, dass ich ihr Essen berühre.

Sie wusste nicht so recht, ob sie die Theke als Zufluchtsort oder Gefängnis sehen sollte. Der Geräuschpegel im Restaurant stieg mit den sich unterhaltenden Kunden und dem klappernden Geschirr an. Die Tür öffnete sich wieder und herein kamen die Schlimmsten von allen.

Während sie das Wechselgeld in der Kasse zählte, blickte Anna-Maria zur Tür und fühlte, wie sich ihr der Magen umdrehte, während sie das gelockte wasserstoffblonde Haar sah und das helle Kichern hörte.

Nicht heute! Ich hab auch nie meine Ruhe. Erst die drei Jungs, und jetzt sie?

Anna-Marias Herz – das so lange betäubt gewesen war – zog sich vor Scham, Kummer und Bedauern zusammen. Sie hatte lange Zeit gar nichts gefühlt. Obwohl auch das jetzt keine guten Gefühle waren, waren es zumindest Gefühle.

Sie weigerte sich aufzublicken und versuchte, sich kleiner zu machen.

Wenn ich doch einfach in die Kasse klettern und mich zwischen den 5-Cent-Stücken verstecken könnte, dachte sie verzweifelt.

Die Stadt nannte diese Mädchen schön.

Klar doch. Wenn man Verräterinnen und Klatschbasen schön nennen will.

In der Highschool waren sie die Cheerleader gewesen – die ganzen vier Jahre auf dem heimischen Spielfeld. Während ihres Abschlussjahres hatten alle vier Wasserstoffblondinen darum gewetteifert, wer zur schönsten Schülerin der Schule gewählt werden würde. Natürlich konnte es nur eine geben, und als Carla die Wahl gewann, waren die anderen in derselben Nacht in ihr Zimmer geschlichen und hatten einfach ihre wasserstoffblonden Locken abgeschnitten. Am nächsten Tag war Carla mit einem

leuchtend pinken Strohhut in die Schule gekommen, der zu ihren leuchtend pinken Lippen passte. Anna-Maria hatte fast Mitleid mit ihr gehabt – bis sie sah, wie Carla geradewegs zu den anderen drei Blondinen schritt und so tat, als sei alles in Ordnung. Anna-Maria bekam mit, wie sie an einem Fenstertisch Platz nahmen – mit perfekt gebügelten weißen Sommerkleidern.

Sie hatten ihr gesagt, dass weiß sie dick mache.

Warum hab ich ihnen je geglaubt?

Ich habe ihnen geglaubt, als sie mir sagten, dass ich ihnen immer alles erzählen könne.

Ich habe ihnen geglaubt, als sie meinten, dass Peter ein Schuft sei, weil er mich geliebt und verlassen hatte.

Ich habe ihnen geglaubt, als sie mir erzählten, sie hätten das Gerücht nicht verbreitet.

Ich habe ihnen geglaubt, als sie sagten, Jan sei guter Kerl.

Ich habe ihnen geglaubt, als sie sagten, wenn ich mit Jan schliefe, würde er mich lieben.

Ich habe ihnen geglaubt, als sie sagten, dass Jan mich nie verlassen würde.

Ich habe ihnen geglaubt, als sie sagten, dass Jan genauso ein Schuft wie Peter sei, weil er mich geliebt und verlassen hatte.

Ich habe ihnen geglaubt, als sie meinten, sie hätten das Gerücht nicht verbreitet.

Ich habe das Muster zu spät erkannt. Und inzwischen saß ich zu tief in der Patsche. Ich dachte, wenn ich ihr Spiel mitmachte, hätte ich zumindest jemanden, der mit mir zusammen in der Mensa essen würde. Ich hätte wissen müssen, dass es nur eine Frage der Zeit wäre, bis sich die Gerüchte schneller als Butter auf einem warmen Keks verbreiteten. Mein Ruf ist festgelegt. Ich sollte ihm vielleicht einfach gerecht werden, oder?

Anna-Maria versuchte, nicht mehr auf die Stimmen in ihrem Kopf zu hören, aber die Stimmen des Verrats waren so laut und sie schmerzten so tief.

»Hey!« Anna-Maria war dankbar über Ritas Unterbrechung. »Warum putzt du nicht die Toiletten? Die Mädels am Fenstertisch haben gesagt, sie seien dreckig.«

Während Anna-Maria mit ihrem Putzeimer Richtung Toiletten ging, fühlte sie die blauen Augen auf sich gerichtet und hörte das helle Kichern der Mädchen in Weiß.

Sie schrubbte, als ob sie damit alle Erinnerungen, Gerüchte und Vorurteile wegreiben könnte.

Ihr Vater, der einfach ohne ein Wort verschwunden war.

Peter, der das einzig Wertvolle stahl, was sie hatte.

Dann Jan, der versprochen hatte, sie anders zu lieben.

Die Blondinen, die ihr einen Sitzplatz bei sich angeboten hatten und ihn dann wieder wegnahmen, zusammen mit ihrer Würde.

Die Gerüchte, die sie verbreiteten.

Dass sie einen Jungen nach dem anderen nachts durch ihr Fenster steigen ließ.

Dass sich ein Junge nach dem anderen früh am nächsten Morgen aus ihrem Fenster schlich.

Dann starb noch ihre Mutter.

Und jetzt ... Christian.

Anna-Maria stapelte die Papiertücher höher und höher und baute eine Entschuldigung auf der anderen auf.

Er ist der einzige Typ in dieser miesen Stadt, der mich nicht dafür verurteilt, dass ich mit so vielen Jungs geschlafen habe. Er lässt mich umsonst bei sich wohnen. Ich hab kein Geld. Keine Familie. Wo sollte ich sonst hingehen? Er ist älter, reifer. Er wird mich nicht wie die anderen sitzen lassen oder wie ein Einbrecher, der gerade etwas gestohlen hat, aus meinem Fenster schlüpfen. Außerdem bin ich jetzt älter, reifer. Ist es nicht eh das, was zwei Menschen machen, wenn sie sich lieben? Und ich liebe Christian ... zumindest ... glaube ich das.

Sie wechselte die letzte Papierrolle aus. Aber sie wollte

nicht den ruhigen Zufluchtsort verlassen, den die Toilette ihr bot. Sie wollte sich nicht länger den Verurteilungen aussetzen. Sie schloss den WC-Deckel, setzte sich darauf, verbarg ihr Gesicht in ihren Händen, bis ...

»Anna-Maria!«, schrie Rita wieder.

»Ja?« Anna-Maria sprang auf und eilte aus dem Toilettenraum.

»Anna-Maria, ich muss zum Supermarkt fahren und ein paar Flaschen Ketchup kaufen. Vielleicht lasse ich mir auf dem Weg auch noch die Nägel machen. Das soll keine Entschuldigung für dich sein, die Tische nicht blitzblank zu machen, bis ich zurück bin, hörst du?«

»Ja, Rita.«

Anna-Maria begann, die Tische abzuwischen und die Kunden zu verabschieden, bis es schließlich ... drei Uhr war.

Um drei waren auch die späten Mittagsgäste verschwunden. Anna-Maria straffte ihre zusammengesackten Schultern und wagte es, mit ihren niedergeschlagenen Augen aufzublicken, um sich ungehindert umzusehen.

Es gab nur sie, ein Geschirrhandtuch und etwas Putzmittel. Normalerweise wurde sie zu dieser Zeit an ihr langweiliges, schlechtes, sich nie änderndes Leben erinnert. Aber heute begrüßte sie die Stille.

Mitten in ihrer Putzaktion und ihren tiefen Gedanken ertönte die Glocke. Die Eingangstür schwang auf und ließ die trockene Sommerluft herein.

Niemand kommt um diese Zeit.

Anna-Maria blickte auf und sah einen Mann, den sie noch nie gesehen hatte.

»Hallo!«, sagte er mit einem breiten Lächeln und Augen, die freundlich blinzelten.

»Ähm, hallo. Wollen Sie Essen zum Mitnehmen kaufen?«

»Nun, eigentlich dachte ich, ich komme rein und setz mich etwas hin, wenn das für Sie in Ordnung ist?«

Es war schon so lange her gewesen, dass jemand sie angelächelt oder sie gar um Erlaubnis gefragt hatte, dass sie nicht wusste, was sie antworten sollte.

Ist dieser Typ ein schlechter Witz? Hat ihn jemand geschickt, damit er sich über mich lustig macht?

»Okay, wenn Sie einen Tisch möchten, dann müssen Sie warten, bis Rita zurück ist, um Sie zu bedienen. Es sollte nicht allzu lange dauern.«

»Eigentlich hatte ich gehofft, dass ich einfach an der Theke sitzen könnte, wenn es ihnen nichts ausmacht, mich zu bedienen.«

Anna-Maria sah ihm zum ersten Mal direkt in die Augen, geschockt darüber, dass er von *ihr* bedient werden wollte. Ihre Lippen öffneten sich, aber es kamen keine Worte heraus.

»Wissen Sie, ich bin gerade auf einer langen Reise«, sagte er, »in einem Auto ohne Klimaanlage. Und diese Hitze in Texas trocknet einen aus. Deshalb hätte ich nichts lieber als ein großes Glas gekühltes Wasser und die Möglichkeit, eine Weile im Kühlen zu sitzen und auszuruhen.«

Anna-Maria musterte ihn. Er wirkte einfach, trug ein schlichtes graues T-Shirt und eine verblasste Jeans. Er legte seine Autoschlüssel zusammen mit einer geöffneten Tüte voller Sonnenblumensamen auf den Tresen und setzte sich so entspannt an die Theke, dass Anna-Marias angespanntes Herz irgendwie etwas ruhiger wurde. Und die Art, wie er redete ... als ob er sie schon sein ganzes Leben kannte. Der freundlichste Ton, den sie je gehört hatte.

»Sind Sie sicher, Sie wollen, dass *ich* Sie bediene? Wissen Sie nicht, wer ich ...« Sie hielt inne.

Anna-Maria, Schluss damit! Nicht jeder kennt deine Vergangenheit!

»Also, okay, Herr ...?«

»Josua. Sie können mich einfach Josh nennen.«

Ein einfacher Name für einen einfachen Typen.

»Ich bringe Ihnen Ihr Wasser.«

Sie griff nach einem Glas und der Kanne und begann einzuschenken. Der Mann mit den gütigen Augen griff beherzt nach dem Glas, das sie vor ihm abstellte, und dankte ihr.

Er nahm einen großen Schluck. Dann sagte er mit einem zufriedenen Lächeln: »Wissen Sie, was ich am Wasser liebe?«

Er machte eine Pause, aber sie weigerte sich aufzublicken.

»Es löscht auf jeden Fall deinen Durst.«

Denkt der Typ, ich bin dumm, oder was? Natürlich löscht Wasser den Durst!

Sie fuhr fort, den bereits sauberen Tresen abzuwischen. Und obwohl sie nichts zur Unterhaltung beitrug, hing sie an seinen Lippen wie frische Wäsche an der Leine. Da war etwas an der Art, wie er sprach. Für ihr lebloses Herz fühlte es sich wie ein frischer Sonnenstrahl an.

»Und weißt du, was mir an diesem Wasser *nicht* gefällt?«

Dieses Mal war seine Pause so lang, dass Anna-Maria nachgab.

»Was denn?«

Er wartete, bis ihre niedergeschlagenen Augen zu ihm aufblickten.

»Die Stillung des Durstes hält nicht an. Nicht allzu weit die Landstraße runter werde ich mit meinem alten Auto wieder anhalten müssen, um ein weiteres Glas Wasser zu trinken.«

Er sah nach draußen auf die lange, staubige Straße. Dann blickte er sie wieder an. In seinen Augen sah Anna-Maria etwas, das sie schon eine ganze Weile nicht mehr gehabt hatte.

Hoffnung.

»Aber ich kann Ihnen Wasser anbieten, das Sie nie mehr durstig werden lässt.«

Anna-Marias sommersprossige Stirn kräuselte sich verwirrt.

»Ist das irgendeine Verkaufsmasche? Denn es ist so: Ich

habe kein Geld, um irgendwelche von diesen Energydrinks zu kaufen. Ich mag noch nicht einmal den Geschmack besonders. Sie sind zum falschen ...«

Der Mann unterbrach sie. »Anni.«

Anna-Marias Geschirrhandtuch flatterte auf den Boden, und sie erstarrte.

Sie hatte diesen Namen nicht mehr gehört, seit ihre Mutter tot war.

Nur die Menschen, die sie kannten, wirklich kannten, nannten sie Anni.

»Anni, ich weiß, dein Vater hat dich verlassen. Dann haben Peter und Jan dir dasselbe angetan. Ich weiß, dass ein Junge nach dem anderen in dein Leben gekommen und gegangen ist und dir dein Herz gebrochen hat. Und ich weiß, dass du aus demselben Grund zu Christian gerannt bist.«

Anna-Maria wusste nicht, ob sie weinen, schreien oder 110 wählen sollte! *Wer war dieser Mann?*

»Du bist durstig.«

Anna-Marias Ohren klingelten und ihre Augen brannten, aber aus irgendeinem Grund regte sich etwas in ihrem Herzen. Ihre Augen trafen die seinen, und sie sah, dass sie nicht die Einzige war, die ihre Tränen zurückhielt. Aber anstatt dem Gefühl in ihrem Herzen nachzugeben, das drohte, sie zu überwältigen, verschloss sie ihr Herz wie eine verängstigte Muschel. Sie hatte ihr Herz so lange nicht mehr geöffnet.

»Wer hat Sie hierher geschickt?«, fragte sie herausfordernd, während sie versuchte, ihre Neugier zu verbergen. »Das ist ein Witz, oder? Ein gemeiner! Was denken Sie, wer Sie sind? Gott oder so ähnlich?«

Der Mann fuhr ohne Pause in seinem sanften Ton fort. »Anni, es ist Zeit, aus einem Krug zu trinken, der dich nicht immer wieder austrocknen lässt. Es ist Zeit, dein durstiges Herz mit dem Leben zu füllen, für das du gemacht wurdest.«

Anna-Maria stand ganz still und wagte es nicht, sich zu bewegen. Falls sie es täte, würden die Tränen hervorbrechen.

Der Mann nahm einen letzten Schluck Wasser und stand auf. Er lächelte sie wieder an. Aber diesmal verwirrte sie das Lächeln nicht, sondern beruhigte sie.

Und die Erinnerungen an ihren Vater, die guten, die sie fast vergessen hatte, kamen zurück.

Ihr Vater, der sie hoch in die Luft warf.

Ihr Vater, der ihr Pfannkuchen machte.

Ihr Vater, der ihr Eskimoküsse mit der Nase gab, bevor er das Licht ausmachte.

Ihr Vater, der die drei Worte sagte, die sie so lange nicht gehört hatte:»Ich liebe dich.«

»Anni. So liebe ich dich«, sagte Hannes und sah an ihren Augen vorbei in ihr Herz.

Dann ... wusste sie es.

»Mich lieben?« Ihre Stimme brach, als sie die Tränen nicht länger zurückhielt und sie ihr über die Wangen liefen.»Nach allem, was ich getan habe? Wie kannst du ...«

»Oh, Anni, meine Liebe geht tiefer als Eskimoküsse und Pfannkuchen. Meine Liebe ist das Wasser, nach dem dich dürstet.«

Der Mann langte in seine Tasche und zog eine Visitenkarte hervor.»Wenn du jemals etwas brauchst, ich bin nur einen Anruf entfernt.«

Er legte die Karte auf den Tresen, sah Anna-Maria ein letztes Mal an und ging hinaus.

Anna-Maria wusste, dass es Zeit war – Zeit zu leben, wirklich zu leben – zum ersten Mal.

Später am Abend, als Christian zu seiner Wohnungstür kam, fand er einen Zettel.

Ich bin weggegangen, Christian. Ich verlasse *No Water*. Es ist Zeit für mich zu lernen, wie man wirklich lebt.
In Liebe, ❋ AM

Christian setzte sich auf Anna-Marias Bettseite. Ihre Sachen waren weg. Das Zimmer sah leer aus. Er griff nach ihrem Nachttisch, schaltete die Lampe an und sah den einzigen Hinweis, den sie zurückgelassen hatte.

Eine Karte.

Eine Visitenkarte.

Lebendiges Wasser GmbH
Josua, Gründer und Geschäftsführer

~~~

Johannes4@samaria.com

Jetzt nimm dir etwas Zeit, um die echte Geschichte zu lesen. Sie steht in Johannes 4,1-26 und ist eine meiner Lieblingsgeschichten.

Du kannst Anna-Maria verstehen, oder?

Du arbeitest nicht in einem Schnellrestaurant in No Water, Texas, aber du weißt vielleicht, wie es sich anfühlt, wenn man feststeckt – feststeckt in einer Routine, in einem schlechten Ruf, in einer ungesunden Beziehung, in einem Gefühl von Hoffnungslosigkeit oder Sinnlosigkeit, in etwas, das sich wie ein langweili-

ges Leben anfühlt. Anna-Maria hatte sich innerlich tot gefühlt, jegliche Freude war vertrocknet. Vielleicht kennst du auch solche Tage oder Jahre. Ohne viel Freude, ohne viel Lachen, ohne großen Frieden oder große Begeisterung.

In diesem Buch haben wir immer wieder nach dem Warum gefragt, um mit diesen drögen Anna-Maria-Tagen weiterzukommen. *Warum wird mir mit Gott langweilig?* Nimm dir Zeit, um die Zusammenfassungen jeweils am Ende der Kapitel zu lesen, und schreib ein paar der Antworten auf unsere Warum-Frage auf.

_____

_____

_____

_____

_____

Wir haben darüber gesprochen, wie wir mit unseren Herzen gegen unsere Made-in-China-Götter angehen können. Wir haben darüber geredet, dass wir die Bibel nicht gut genug kennen, für das Gebet beten sollen ... und die Liste geht weiter. Aber um es in einem Satz zusammenzufassen: Wir langweilen uns mit Gott, weil es Sünde in unserem Leben gibt. Sünde trennt uns von Gott und steht im Weg, wenn wir wahres Leben ihn ihm haben und alles erleben wollen, was er anbietet.

In Hebräer 12,1 heißt es: »Da wir von so vielen Zeugen umgeben sind, die ein Leben durch den Glauben geführt haben, wollen wir jede Last ablegen, die uns behindert, besonders die Sünde, in die wir uns so leicht verstricken. Wir wollen den Wettlauf bis zum Ende durchhalten, für den wir bestimmt sind.«

In welche Sünde verstrickst du dich und was hindert dich daran, einen liebenden, persönlichen und abenteuerlichen Weg mit Gott zu erleben? Welche Sünde hast du in deinem Leben entdeckt, während du dieses Buch gelesen hast? Schreib diese konkreten Sünden auf. Sind es welche, über die wir hier Buch gesprochen haben? Dass es uns peinlich ist, für Gott zu leben, dass wir der Bibel keine Chance geben, Gott nicht gehorchen oder andere nicht mit der Liebe Gottes lieben?

> Wir langweilen uns mit Gott, weil es Sünde in unserem Leben gibt.

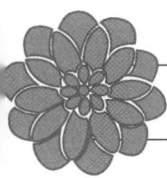

Ich bete darum, dass Gott in deinem Leben Veränderungen möglich macht und dir hilft, schlechte Gewohnheiten oder auch Stolz zu überwinden – was immer dich davon abhält, dein Leben Gott ganz zur Verfügung zu stellen. Und ich bete, dass du dich nicht zufriedengibst, wenn du diese letzten Seiten liest. Dass du dich nicht damit zufriedengibst, wo du auf deinem Weg mit Gott stehst. Dass du mehr willst und anfängst, nach mehr zu suchen. So viele von uns befinden sich auf einem alles andere als spannenden Weg mit Gott und denken, dass das Leben nicht mehr zu bieten habe, dass es nicht *mehr* in unserer Beziehung mit ihm gebe. Wir geben uns damit zufrieden, uns hinter dem Tresen im Schnellrestaurant einzurichten, obwohl Gott doch ruft: »Ich hab dich dafür nicht geschaffen! Wach auf! Du hast ein Leben in mir,

das so voller Fülle ist, aber du weigerst dich, es zu leben!«(nach Johannes 10,10).

In der Geschichte von der Samariterin (der echten Anna-Maria) sagt Jesus zu ihr, wenn sie wüsste, wer sie nach etwas zu trinken fragt,»dann wärst du diejenige, die ihn bittet, und er würde dir lebendiges Wasser geben«(Johannes 4,10). Was ist mit diesem lebendigen Wasser gemeint? Was bedeutet dieses»volle Leben«, das Jesus uns verspricht (vgl. Johannes 10,10)? Schreib deine Gedanken dazu auf.

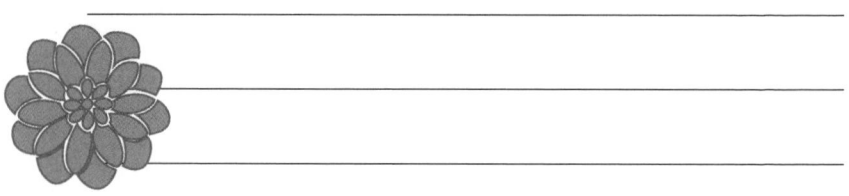

Lies die folgenden Verse. Verändern sie deine Antwort?

Denn ihr seid gestorben, als Christus starb, und euer wahres Leben ist mit Christus in Gott verborgen.

Kolosser 3,3

Doch wenn der Heilige Geist dich bestimmt, bedeutet das Leben und Frieden.

Römer 8,6

Wer ist laut dieser Verse dein Leben? Jesus und sein Geist in dir. Am Ende dieses Buches möchte ich, dass du dich zumindest daran erinnerst. Wenn du echtes Leben möchtest – überfließendes Leben, ein Leben, das abenteuerlich und alles andere als langweilig ist –, dann wende dich an Jesus.

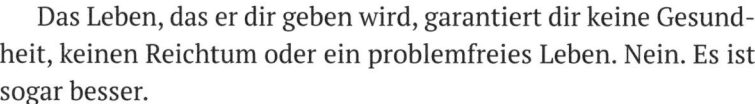

Das Leben, das er dir geben wird, garantiert dir keine Gesundheit, keinen Reichtum oder ein problemfreies Leben. Nein. Es ist sogar besser.

Es ist das Versprechen, dass der Maler des Sonnenuntergangs, der Dirigent des Vogelgesangs und der Schöpfer der Berge jeden Moment des Tages bei dir ist.

Und dieses Wissen kann unser alltägliches, langweiliges Leben zu alltäglichen Gelegenheiten machen, in seiner Gegenwart zu leben und anderen von seiner Gegenwart zu erzählen. Dadurch erfährst du das Leben, für das du gemacht wurdest.

Gottes Gegenwart in die alltägliche Routine des Lebens einzubeziehen, ist das höchste Ziel des Christen … An Jesus in monotonen Zeiten zu denken, sich während langweiliger Zeiten nach ihm zu sehnen und für ihn zu brennen – das werden unsere bewegendsten Momente werden … Da passiert es, dass unsere Zerbrochenheit auf seine Schönheit trifft und die Summe unserer Schmerzen sich in der Kraft seiner Ziele auflöst.[56]

Jede Antwort auf unsere Warum-Frage – *Wie kann ich mich mit Gott »entlangweilen«?* – hilft uns, einen Bereich in unserem Leben zu entdecken, in dem wir Zeit in der Gegenwart Jesu verbringen und anderen von seiner Gegenwart weitererzählen können. Blättere zurück zu den Zusammenfassungen und schreib einige deiner »Wie?«-Antworten auf.

_____

_____

_____

_____

Und die letzte Frage, über die wir gesprochen haben, lautete: »Interessiert es Gott, wenn ich mich mit ihm langweile?« Auf diese Antwort haben wir ein eindeutiges *Ja* gefunden! Ja, Gott macht es etwas aus, denn er hat dich für mehr geschaffen. Genau wie Josua Anna-Maria erzählte, dass seine Liebe das Wasser ist, nach dem ihre vertrocknete Seele dürstet, so antwortet Gott auf unseren vertrockneten Glauben und sagt: »Du trinkst nicht das richtige Wasser, wenn dein Glaube langweilig ist!« Wenn du von Jesus trinkst – von seiner Liebe, seinem Frieden, seinen Versprechen, seiner Wahrheit, seiner Macht –, dann wird sich dein Glaube von einem langsamen Tröpfeln in eine sprudelnde Quelle verwandeln.

Wirst du ihn das tun lassen? Wirst du zulassen, dass er aus deinem öden, farblosen, langweiligen Glauben einen Glauben mit Geschmack und in Farbe macht? Wirst du dich von ihm aufrütteln lassen? Zum Abschluss habe ich ein letztes Gebet aufgeschrieben, das du und ich jeden Morgen beten können. Das Gebet basiert auf den Kapiteln, die wir zusammen durchgegangen sind. Fühl dich frei, es auszuschneiden und an deinen Badezimmerspiegel zu hängen, sodass du jeden Tag daran erinnert wirst, aus jedem Moment einen Moment mit Gott zu machen.

Gott, ich entscheide mich heute, mich nicht mit einem leblosen Glauben zufriedenzugeben. Und aufgrund dieser Entscheidung vertraue ich dir mein Herz an.

Ich bitte dich, dass du die dunklen Ecken, die sich zwischen dich und mich drängen, entfernst. Ich bitte dich, dass du mein Herz dem deines Sohnes ähnlicher machst.

Bitte hilf mir dabei, mich nicht in der Welt, die mich umgibt, zu verlieren, sondern für die Welt, die im Himmel auf mich wartet, zu leben. Ich möchte nicht einem Gott dienen, den ich mir in meinem Kopf zurechtgelegt habe, sondern ich möchte jede Gelegenheit ergreifen, dich, den wahren Gott, immer besser kennenzulernen. Hilf mir dabei, meine Komfortzone zu verlassen und mich für dich einzusetzen, auch wenn das schwer ist. Überrasch mich heute, Gott! Ich möchte etwas Neues über dich lernen – durch eine Beziehung, eine Unterrichtsstunde, durch die Natur. Bewahre mich davor zu denken, ich hätte dich in deinem Wesen schon voll erfasst. Lass mich heute gewissenhaft dein Wort lesen, Herr, auf dass es mich ändern möge. Danke für die Geschichte des Evangeliums. Danke, dass du mich errettet hast. Lass mich das nie für selbstverständlich nehmen. Hilf mir heute, mein Leben für dich zu leben. Regiere du über mein Herz, sodass meine Taten immer mehr denen des Königs ähneln.

Erinnere mich daran, dass ich während des Tages immer wieder eifrig mit dir rede, sodass du zu jeder Zeit Teil meiner Gespräche und Handlungen bist. Gib mir den Mut und die Stärke, andere zu lieben, wie du mich liebst, anderen zu dienen, wie du auf diese Erde kamst, um uns zu dienen, und deine Wahrheit in einer Welt weiterzusagen, die die Wahrheit verloren hat. Wecke in mir den Wunsch, dir mit einem Herzen zu gehorchen, das deinen Willen über meinen stellt.

Danke, dass du mich so sehr liebst, dass du eine Beziehung mit mir haben möchtest. Hilf mir, dich in allem, was ich tue, zu verherrlichen. Ich vertraue dir. Amen.

Anmerkungen

1   Stephen Smith. »When Do Children Stop Being Selfish?« CBS News Healthwatch Online. 21. Juni 2010. http://www.cbsnews.com/2100-500368_162-4389606.html.

2   Dwight Edwards. Revolution Within: A Fresh Look at Supernatural Living. New York: Random House Digital, Inc., 2001, S. 5.

3   »Wie lange nutzt Du die folgenden Medien jeden Tag?« Statista. 12. Oktober 2012.   http://de.statista.com/statistik/daten/studie/219671/umfrage/taegliche-dauer-des-medienkonsums-von-schuelern-in-deutschland/ (bezogen auf die Jahre 2008 bis 2010).

4   BITKOM. Jugend 2.0. Eine repräsentative Untersuchung zum Internetverhalten von 10- bis 18-Jährigen. Berlin: BITKOM, 2011, S. 26.

5   BITKOM. Jugend 2.0, S. 7.

6   »Anzahl der verschickten SMS- und MMS-Nachrichten in Deutschland von 1999 bis 2012 (in Millionen pro Tag)«. Statista. 29. Oktober 2012. http://de.statista.com/statistik/daten/studie/3624/umfrage/entwicklung-der-anzahl-gesendeter-sms--mms-nachrichten-seit-1999/.

7   Martin Lindström. Brand Sense: Warum wir starke Marken fühlen, riechen, schmecken, hören und sehen können. Frankfurt/New York: Campus Verlag, 2011, S. 28.

8   A.a.O., S. 26.

9   C.S. Lewis. Dienstanweisungen für einen Unterteufel. Freiburg/Breisgau: Verlag Herder, 4. Aufl., 1992, S. 33.

10   Francis Chan mit Danae Yankoski. Der unterschätzte Gott: Den Heiligen Geist neu entdecken. Ingolstadt: Luqs-Verlag / Marburg: Francke, 2011, S. 21-22.

11   »Der Kosmetikmarkt in Deutschland 2010«. Cosmetic Business. 12. 10. 2012. http://www.cosmetic-business.com/showartikel.php?art_id=2491.

12   A.W. Tozer. Das Wesen Gottes: Eigenschaften Gottes und ihre Bedeutung für das Glaubensleben. Neuhausen-Stuttgart: Hänssler, 1996, S. 10.

13   Richard Wurmbrand. Gefoltert für Christus: Ein Bericht vom Leiden und Bekennen der Märtyrerkirche. Hilfsaktion Märtyrerkirche, 19. Aufl., 2004. ftp://bitflow.dyndns.org/german/RichardWurmbrand/Gefoltert_Fuer_Christus_2004.pdf.

14   dc Talk / The Voice of the Martyrs. Jesus Freaks: Berichte von Menschen, die bereit waren, für ihren Glauben bis zum Äußersten zu gehen. Asslar: Gerth Medien, 1. Auflage der Jubiläumsausgabe, 2009, S.19.

15   Abdruck mit freundlicher Genehmigung aus: Richard Wurmbrand, Gefoltert für Christus © 19. Auflage, 2004, HMK e.V. – Hilfe für verfolgte Christen, www.verfolgte-christen.org. S. 40-41.

16   Oswald Chambers. Mein Äußerstes für sein Höchstes. Holzgerlingen: SCM Hänssler, 4. Aufl., 2010, S. 481.

Shake it!

17 Raymond B. Dillard / Tremper Longman III. An Introduction to the Old Testament. Grand Rapids / MI: Zondervan, 1994.
18 Mary Pipher. Pubertätskrisen junger Mädchen: Wie Eltern helfen können. Frankfurt: Fischer, 2003.
19 Ginny Olson. Teenage Girls: Exploring Issues Adolescent Girls Face and Strategies to Help Them. Grand Rapids / MI: Zondervan, 2006, S. 191.
20 Wörtliche Übersetzung des Verses aus der englischen Bibel »The Message« von Eugene H. Peterson.
21 Rick Warren. »Reigniting Your Passion for God«. Predigt am Sonntag, 5. Oktober 2008. http://godswordonline.net/october52008.htm.
22 A.a.O.
23 Sean Dunn. Bored with God: How Parents, Youth Leaders and Teachers Can Overcome Student Apathy. Nottingham/UK: InterVarsity, 2004, S. 101.
24 Malcolm McLeod. A Comfortable Faith. New York: F.H. Revell Company, 1908, S. 22.
25 Pascal Folly. »Hope for Widows in India: Empowering Women and Girls Through God's Word«. Record Online. Digital Magazine of the American Bible Society. Winter 2010. http://record.americanbible.org/content/around-world/hope-widows-india.
26 Jill McGivering. »India's Neglected Widows«. BBC News Online. 2. Februar 2002. http://news.bbc.co.uk/2/hi/south_asia/1795564.stm.
27 Folly. »Hope for Widows in India«.
28 Library of Congress. »Everyday Mysteries: Fun Science Facts from the Library of Congress«. 13. Oktober 2010. http://www.loc.gov/rr/scitech/mysteries/wrinkles.html.
29 »beschneiden«, aus: Duden online. 10. Oktober 2012. http://www.duden.de/suchen/dudenonline/beschneiden.
30 Anmerkung der Übersetzerin: Bezieht sich auf einen Filmtitel von 2011: Die »Vorzüge« sind unter anderem gelegentlicher Sex ohne feste Beziehung.
31 Brent Curtis / John Eldredge. Ganz leise wirbst du um mein Herz: Wie Gott unsere Sehnsucht stillt. Gießen: Brunnen Verlag, 2011, S. 56.
32 A.a.O., S. 65.
33 Donald English. The Message of Mark. The Bible Speaks Today. Hrsg. von John R.W. Stott. Leicester/UK: InterVarsity Press, 1992, S. 54.
34 Eugene H. Peterson. Conversations: The Message with Its Translator. Colorado Springs: NavPress, 2001.
35 The XP3 Student Team. »Upside Down«. Session 1 »Collision«. 9. XP3. http://whatisorange.org/xp3students/.
36 J. Alec Motyer. The Message of James. The Bible Speaks Today. Hrsg. von John R.W. Stott. Leicester/UK: InterVarsity, 1984, S. 70.
37 Alfred Edersheim. The Life and Times of Jesus the Messiah. New York: Longmans, Green & Co., 1896, S. 106.
38 Dwight Edwards. Experiencing Christ Within: Passionately Embracing God's Provisions for Supernatural Living. Colorado Springs: WaterBrook Press, 2002, S. 5.
39 Richard Foster. Nachfolge feiern: Geistliche Übungen – neu entdeckt. Wuppertal/Kassel: Oncken, 1982, S. 36.
40 A.a.O., S. 38.

41 Matthew Henry. »Matthew 6,5«. Matthew Henry Complete Commentary on the Whole Bible. http://www.studylight.org/com/mhc-com/view.cgi? book=mt&chapter=006.

42 Beth Moore. Praying God's Word: Breaking Free from Spiritual Strongholds. Nashville: B&H Publishing Group, 2009, S. 8.

43 Neil K. Kaneshiro. »Kwashiorkor«. Medline Plus. www.nlm.nih.gov/medline-plus/ency/article/001604.htm.

44 Todd Phillips. Spiritual CPR: Reviving a Flat-Lined Generation. Colorado Springs/CO: Cook Communications Ministries, 2005, S. 85.

45 Donald Miller. Searching for God Knows What. Nashville: Thomas Nelson, 2004, S. 67.

46 Beth Moore. Praying God's Word. Breaking Free from Spiritual Strongholds. Nashville: B&H Publishing Group, 2009, S. 8 (deutsche Ausgabe: Du führst mich in die Freiheit: Folgen Sie Gott in ein erfülltes Leben! Asslar: Gerth Medien, 2002).

47 Zitiert nach: Curtis/Eldredge, Ganz leise wirbst du um mein Herz, S. 117f.

48 A. a. O., S. 128.

49 John Eldredge. Knowing the Heart of God. Nashville: Thomas Nelson, 2009, S. 37.

50 Jay Smith. »2010 By the Numbers (So Far)«. Pollstar: The Concert Hotwire. 9. Juli 2010. www.pollstar.com/news_article.aspx?ID=731238.

51 A. a. O.

52 John Piper. God's Passion for His Glory: Living the Vision of Jonathan Edwards. Wheaton/IL: Crossway Books, 1998, S. 219.

53 Wörtliche Übersetzung des Verses aus der englischen Bibel »The Message« von Eugene H. Peterson.

54 Max Lucado. Es geht nicht um mich: Gottes Herrlichkeit reflektiert. Holzgerlingen: SCM Hänssler, 2004, S. 30 (Die Leseranrede wurde im Zitat von »Sie« in »du« geändert).

55 John Piper. Sehnsucht nach Gott: Leben als »christlicher Genießer«. Waldems: 3L Verlag, 3. Aufl., 2010, S. 46-47.

56 Christian George. Godology: Because Knowing God Changes Everything. Chicago: Moody Publishers, 2009, S. 153.

 Notizen

Shake it!

Shake it!

_____

_____

_____

_____

_____

_____

_____

_____

_____

_____

_____

_____

_____

_____

_____

_____

Shake it!

_____

_____

_____

_____

_____

_____

_____

_____

_____

_____

_____

_____

_____

_____

_____

Shake it!

Shake it!

Susie Shellenberger

Girl talk
Mit Gott im Gespräch

Paperback, 13,5 x 20,5 cm, 224 S.
Nr. 395.360, ISBN 978-3-7751-5360-7

Die ganz persönlichen kleinen und großen Geheimnisse, die verrät
man nur der allerbesten Freundin. Oder Gott. Und Gott antwortet.
Entstanden sind überraschende Dialoge über Gott und die Teenie-
Welt: die große Liebe, Klamotten, Glauben, Sex und seltsame Eltern.

Jenna Lucado Bishop, Max Lucado

Mal richtig die Welt retten

Gebunden, 13,5 x 20,5 cm, 224 S.
Nr. 395.383, ISBN 978-3-7751-5383-6

Man braucht nicht viel, um viel zu verändern. Und das Alter spielt
dabei überhaupt keine Rolle. Jeder Teenager kann die Welt ein
Stück besser machen. Wie das geht, zeigt dieses Buch mit vielen all-
tagstaugliche Tipps und Infos. Werde selbst zum Welt-Veränderer!

Bitte fragen Sie in Ihrer Buchhandlung nach diesen Büchern!
Oder schreiben Sie an: SCM Hänssler, D-71087 Holzgerlingen;
E-Mail: info@scm-haenssler.de; Internet: www.scm-haenssler.de